AF313007

MÉTHODE

POUR FAIRE LA CONSTRUCTION

DES PHRASES ET DES PÉRIODES

SANS RIEN CHANGER A L'ORDRE DE LA DICTION LATINE,

Ou Moyen d'éviter les inconvénients et de réunir les avantages des deux procédés contraires proposés jusqu'ici : l'un par Dumarsais, Beauzée, etc., qui emploient la construction des mots latins ; l'autre par Locke, Pluche, Chompré, etc., qui, rejetant cette construction, veulent qu'on se borne à traduire littéralement chaque mot.

OUVRAGE QUI COMPLETE UN COURS DE LATINITÉ,

Et fait suite aux deux autres Méthodes déja publiées ; savoir : Celle *pour entendre grammaticalement la langue latine sans connoître les regles de la composition*, et celle *pour analyser la pensée sans perdre de vue l'arrangement des mots qui l'expriment.*

Par L. GAULTIER.

NOUVELLE ÉDITION

Revue et contenant une Application aux six premieres Odes du premier livre d'Horace, faite sous les yeux de l'auteur par des éleves qui ne connoissoient encore que les déclinaisons, les conjugaisons et les premieres regles de la Syntaxe latine.

Prix 3 francs.

A PARIS,

Chez l'Auteur, rue de Grenelle Saint-Germain, N° 5o ;
Et chez Ant. Aug. Renouard, Libraire, rue Saint-André-des-Arcs, N° 55.

MDCCCVIII.

INTRODUCTION.

INSTRUMENTS NÉCESSAIRES POUR LA PRATIQUE DE CETTE MÉTHODE.

Il faut avoir une ardoise, une planche noire, une toile cirée ou une feuille de papier, que l'on raiera de lignes horizontales coupées par d'autres lignes verticales pour former cinq colonnes : chacune de ces colonnes aura pour titre une des cinq parties qui composent ou peuvent composer les phrases ; savoir : 1° Le *sujet*, 2° le *verbe*, 3° le *régime direct*, 4° le *régime indirect*, 5° le *déterminatif*. Par déterminatif, on entend les prépositions avec leurs régimes et les noms de cas ablatif, devant lesquels, d'après Port-Royal, on sous-entend toujours une préposition.

Sur le côté gauche du tableau on laissera une marge, divisée en deux parties égales ; l'une destinée à recevoir les noms de cas *vocatif* et les *interjections*, l'autre les *conjonctions* et les *pronoms relatifs* qu'on rencontre dans les phrases à décomposer.

Les cinq grandes colonnes seront aussi partagées chacune en trois parties égales, dont l'emploi est indiqué dans la méthode. Voici, en attendant, quelle sera la forme de notre tableau de construction. La même phrase latine n'y est écrite et répétée plusieurs fois que pour rendre sensible aux yeux des commençants la comparaison de la construction directe (Exemple I) ; avec la construction inverse (Ex. II, III, etc.)

CONJONCTIONS, PRONOMS RELATIFS, INTERJECTIONS ET NOMS VOCATIFS.		(1) SUJET ET SES MODIFICATIONS.	(2) VERBE ET SES MODIFICATIONS.	(3) RÉGIME DIRECT ET SES MODIFICATIONS.	(4) RÉGIME INDIRECT ET SES MODIFICATIONS.	(5) DÉTERMINATIF ET SES MODIFICATIONS.
Ex. I.		Cæsar	misit	epistolam	Trebonio	per nuncium
Ex. II.		Cæsar		epistolam	Trebonio	per nuncium
			misit			
Ex. III.		Cæsar			Trebonio	per nuncium
				epistolam		
			misit			
Ex. IV.		Cæsar				per nuncium
					Trebonio	
				epistolam		
			misit			
Ex. V.						Per nuncium
					Trebonio	
				epistolam		
			misit			
		Cæsar				

Nous supposons que sur la première ligne horizontale de ce tableau, on écrive la phrase : *Cæsar misit epistolam Trebonio per nuncium.*

Comme les mots ou les membres de cette phrase suivent l'ordre analogique et celui de la construction française indiquée par les colonnes 1, 2, 3, 4, 5, la phrase entière se trouvera nécessairement placée sur une seule ligne. (Voyez Ex. I.)

Mais si nous supposons que ces mêmes mots soient rangés sur plusieurs lignes descendantes de droite à gauche, nous trouverons que la phrase présente une construction plus ou moins inverse, à mesure que les mots, en descendant, vont occuper plus ou moins de lignes dans les quatre premières cases. Par exemple :

Le mot *misit*, descendu sur la seconde ligne de sa case, offre la phrase inverse :

Cæsar epistolam Trebonio per nuncium misit. (Ex. II.)

Le même mot, descendu sur la troisieme ligne, et le mot *epistolam* sur la seconde, donnent la phrase inverse :

Cæsar Trebonio per nuncium epistolam misit. (Ex. III.)

Le mot *misit* descendu sur la quatrieme ligne, le mot *epistolam* sur la troisieme, et le mot *Trebonio* sur la seconde, présentent la phrase inverse :

Cæsar per nuncium Trebonio epistolam misit. (Ex. IV.)

Enfin, les mots des quatre premieres colonnes étant placés chacun sur une ligne, en descendant de droite à gauche, donneront cette derniere phrase :

Per nuncium Trebonio epistolam misit Cæsar. (Ex. V.)

Il résulte de ces observations que notre tableau pourroit servir en quelque sorte à donner la mesure, ou à faire connoître le degré d'inversion des phrases.

La phrase la plus inverse est celle dont les mots occupent le plus de lignes descendantes, comme la moins inverse est celle dont les mots en occupent moins, et se trouvent en plus grand nombre sur la même ligne. En effet, toute inversion disparoît, lorsque les mots de la phrase se trouvent rangés sur une seule ligne, comme ils le sont dans l'exemple I.

§. I. Manière de trouver la construction des phrases
à l'aide de ce tableau.

1° Sur les lignes horizontales de ce tableau, transcrivez
de suite, comme ils se présentent, les différents mots de
chaque phrase à construire, en plaçant chacun de ces
mots dans la colonne à laquelle il se rapporte par sa terminaison grammaticale ; c'est-à-dire, que vous placerez
le *sujet* sous le titre 1, le *verbe* sous le titre 2, etc.

2° Dans cette transcription, pour obtenir le résultat
qu'on se propose ici, savoir, celui de ne pas déranger
l'ordre de la diction latine, vous devez vous assujettir à
suivre scrupuleusement une regle ; celle de descendre
toujours d'une ligne horizontale à une autre, toutes les
fois qu'il se présente dans la phrase un mot appartenant
par sa nature à la colonne qui précède celle où vous
venez d'écrire le dernier mot. Par exemple, si, après
avoir écrit sur la ligne horizontale de la colonne 3 le
régime direct de la phrase, vous en rencontrez le *verbe*,
qui par sa nature appartient à la colonne 2, vous n'irez
pas le placer sur la même ligne horizontale où vous avez
déja écrit le régime direct ; mais, en descendant d'une
ligne, vous le placerez à gauche, sur la ligne horizontale
inférieure. Cependant, lorsque vous passez d'une colonne
inférieure à une supérieure, vous pouvez placer plusieurs
mots sur la même ligne horizontale, parcequ'ils rentrent
dans la construction directe.

3° Après que vous aurez écrit ainsi la phrase entière
sur le tableau, si vous en lisez verticalement les mots, en
passant successivement d'une colonne à l'autre, vous y
trouverez ces mots rangés selon la construction française ;
et, si vous lisez les mots, en passant d'une ligne horizontale à une autre dans chaque colonne, vous reconnoîtrez
la diction de l'auteur, telle que vous l'aviez transcrite.

Faisons maintenant l'application de notre méthode aux
constructions des trois espèces de phrases désignées par
les grammairiens sous les noms de phrases *simples*, de
phrases *composées*, et de phrases *complexes*.

§. II. Construction des phrases simples.

La phrase ou la proposition simple est celle où l'on ne
trouve qu'un seul sujet et un seul verbe, soit avec régime, soit sans régime. Le sujet et le verbe sont les parties essentielles de la phrase ; le régime direct, le régime
indirect et le déterminatif n'en sont que les parties acces-
soires et secondaires.

On pourroit subdiviser les phrases simples d'après le
plus ou moins de parties dont elles se composent, ou,
ce qui revient au même, d'après le nombre de colonnes
qu'elles occupent sur le tableau : mais on les divise plus
communément en *modifiées* et *non modifiées*.

Les premieres sont celles dont une ou plusieurs parties
sont jointes, soit à des adjectifs, soit à des noms, soit à
des adverbes qui en modifient le sens. Exemple : *Cæsar
imperator Romanorum misit Trebonio epistolam suavitate
plenam*, etc. Les mots *imperator Romanorum* joints à
Cæsar, et les mots *suavitate plenam* joints à *epistolam*,
mettent cette phrase au nombre des modifiées : si on
retranche ces modifications, on a la phrase *non modifiée*
que nous avons déja donnée en exemple dans notre intro-
duction.

La difficulté qui se présente le plus ordinairement à
ceux qui font la construction des phrases n'est pas tant
d'y distinguer le mot principal du mot secondaire, que
de rapporter chaque mot modifiant au mot modifié. Pour
faciliter ce travail sur notre tableau, nous partagerons
chacune des cinq grandes colonnes en trois petites, for-
mées par autant de traits mis les uns au-dessous des
autres. La premiere petite colonne à gauche, indiquera
la place que doit occuper, dans chacune des grandes colonnes, le mot principal ; savoir, le *sujet*, le *verbe*, le *régime direct*, etc. ; la seconde sera pour les mots qui modifient immédiatement le mot principal, tels que les
adjectifs, les substantifs des cas génitifs, etc. ; la troisieme pour les modifications secondaires de ce même
mot. Pour la clarté de nos regles, nous supposerons que

ces trois petites colonnes subalternes suivent l'ordre al-
phabétique *a*, *b*, *c*.

Voici maintenant comment on place chaque mot de la
phrase à construire dans la colonne qui lui est propre :

Regles pour construire les Substantifs.

1° Les noms de cas nominatif se placent dans la colonne 1 (*a*), lorsqu'ils sont le sujet de la phrase. Ex. : Rex
jubet ; et dans la colonne 2 (*b*), lorsqu'ils modifient un
verbe d'existence. Ex. : *Romulus erat* rex. Ils se placent
aussi dans la colonne 2 (*b*), lorsqu'ils modifient un substantif, parcequ'ils sont la modification du verbe *être* qui
est sous-entendu. Ex. :

> *Hederæ*, praemia *doctarum frontium* ; c'est-à-dire, *quæ
> hederæ sunt præmia*, etc.

> *Fratres Helenæ*, sidera *lucida* ; c'est-à-dire, *qui fra-
> tres sunt sidera lucida*, etc.

2° Les noms de cas génitif se placent dans la colonne 4
(*a*), lorsqu'ils sont le régime indirect du verbe de la
phrase. Ex. : *Egeo* consilii ; mais, lorsqu'ils sont la modification incidente d'un substantif, ils occupent la petite colonne qui suit ce substantif. Exemples : *Pater*
patriae ; *tabernas* pauperum ; *impudentiæ* hominum ;
magnitudine navium ; *scriptorem* belli Trojani.

3° Les noms de cas datif occupent la colonne 4 (*a*),
lorsqu'ils sont le régime indirect du verbe de la phrase.
Ex. : *Consulo* tibi ; mais, lorsqu'ils sont le régime incident
d'un adjectif, ils occupent la petite colonne qui suit cet
adjectif. Ex. : *Aptus* equis ; *idoneum* bello, etc.

4° Les noms de cas accusatif occupent ou la colonne 3
(*a*), lorsqu'ils sont le régime direct du verbe. Ex. : *Obruit*
ventos ; ou la colonne 5, lorsqu'ils sont le régime d'une
préposition. Ex. : *Ad deos dominos terrarum* : mais ils
peuvent être placés dans toute autre colonne, quand ils
sont le régime d'un participe. Dans la colonne 1 (*c*). Ex. :
Asinus quærens diverticula ; dans la colonne 4 (*c*). Ex. :
Hominibus petentibus multa, etc.

5° Les noms de cas vocatif n'étant regardés que comme
des mots incidents à la phrase, sont placés dans la premiere des colonnes marginales. Si l'on veut en faire la
construction, on consultera le paragraphe IV sur les
phrases elliptiques.

6° Les noms de cas ablatif sont placés dans la colonne 5,
lorsqu'ils sont déterminatifs de la phrase. Ex. : *Trahebat*
navibus *idæis* ; *valebat in* foro ; *te duce* ; jove *non probante* : mais, lorsqu'ils sont le régime d'un adjectif, ou la
modification d'un substantif, ils seront placés dans la
colonne où se trouve, soit le substantif, soit l'adjectif.
Ex. : *Præditus* ingenio ; *Pœna* pede *claudo*.

Regles pour construire les Adjectifs.

7° Les adjectifs qui n'ont pas de régime se placent à
côté du substantif qu'ils modifient ; mais ceux qui ont
un régime seront mis dans la colonne 2 (*b*), étant regardés comme la modification du verbe *être* qui est sous-
entendu. Ex. :

> Immemor *conjugis teneræ* ; c'est-à-dire, *qui est imme-
> mor*, etc.

> Audax *perpeti omnia* ; c'est-à-dire, *qui est audax*, etc.

> Nescii *cedere* ; c'est-à-dire, *qui est nescius cedere*.

> Parem *superis ope Palladis* ; c'est-à-dire, *qui est
> par*, etc.

> Nigrum *pulvere Troïco* ; c'est-à-dire, *qui est niger*, etc.

Regles pour construire les Pronoms.

8° Les pronoms substantifs suivent la regle des substantifs, comme les pronoms adjectifs suivent la regle des
adjectifs ; mais les pronoms relatifs et les interrogatifs
sont placés dans la colonne marginale avec leur régime,
quel que soit le cas auquel on les emploie. Ex. :

> Quem *divûm illa vocet*.
> Qua *prece illæ fatigent*.
> Quem *gradum mortis ille timuit*.
> Cui *Jupiter dabit partes*, etc.
> Quem *terræ solutæ ferunt*.

Regles pour construire les Infinitifs.

9° Les infinitifs qui n'ont point de régime ou qui n'ont qu'un seul régime, étant regardés comme simples modifications du verbe, sont placés dans la colonne 2 (*b*). Ex. : *Tendebat* IRE; mais ceux qui sont employés comme des substantifs suivent la regle n° 1 des substantifs, et occupent, comme eux, différentes colonnes. Ex. : *Mori pro patriâ.*

Mais les infinitifs qui ont un régime accompagné d'autres modifications, seront considérés comme verbes formant une phrase incidente sans sujet exprimé, et occuperont la colonne 2 (*a*). Ex. :

> *Collegisse pulverem olympicum curriculo.*
> *Impedire caput nitidum myrto viridi.*
> *Immolare Fauno in lucis umbrosis.*
> *Celebrare arces Palladis intactæ.*
> *Præponere fronti olivam decerptam undique.*

Lorsque les infinitifs ont un sujet exprimé à l'accusatif, ce sujet occupe la colonne 1 (*a*), comme s'il étoit le sujet d'un verbe à l'indicatif. Ex. :

> *Illum findere agros patrios sarculo;* c'est-à-dire, *ille findit*, etc.
>
> *Jovem ponere fulmina iracunda;* c'est-à-dire, *Jupiter ponit*, etc.
>
> *Nos inchoare spem longam;* c'est-à-dire, *nos inchoamus*, etc.

Les infinitifs employés comme gérondifs doivent être regardés comme déterminatifs, et placés dans la colonne 5 (*a*). Ex. : *Egit illos visere montes altos;* c'est-à-dire, *ad videndum*, etc.

Regles pour construire les Participes, les Supins et les Gérondifs.

10° Tout participe sans régime sera dans la colonne du substantif qu'il modifie, en qualité d'adjectif. Ex. : *Medæa furens; hominem luctantem*, etc.

Mais le participe qui a un régime sera regardé comme affecté du verbe *être*, et placé dans la colonne 2 (*b*), quelle que soit sa terminaison grammaticale; et son substantif sera placé dans la colonne 1. Ex. :

> *Mæcenas, edite regibus atavis;* c'est-à-dire, *qui es editus*, etc.
>
> *Meta evitata rotis fervidis;* c'est-à-dire, *quæ est evitata*, etc.
>
> *Mercator metuens Africum;* c'est-à-dire, *qui metuit* ou *qui est metuens*, etc.
>
> *Apollo amictus humeros candentes nube;* c'est-à-dire, *qui est amictus*, etc.
>
> *Pyrrhæ questæ monstra nova;* c'est-à-dire, *quæ est questa*, etc.
>
> *Vestam audientem minus carmina;* c'est-à-dire, *quæ audit*, etc., ou *est audiens*, etc.

11° Les gérondifs se placent, ou à côté du substantif qu'ils modifient. Ex. : *In principiis dicendi;* ou dans la colonne 5, lorsqu'ils sont le déterminatif du verbe. Ex. : *Gerendo bella.*

12° Les supins des verbes sont placés à côté du mot qu'ils modifient, et dont les Latins ne le séparent pas. Ex. : *Mirabile visu; horribile dictu; spectatum admissi; ire dejectum.*

Remarque I. Lorsqu'un mot, par sa terminaison, pourroit convenir également bien à deux colonnes différentes, on doit l'écrire en même temps dans les deux colonnes; on l'effacera ensuite de celle d'où il doit être rejeté, d'après les regles de la concordance. Ex. : Dans cette phrase : *Omne capax movet urna nomen*, le mot *omne* pouvant être de lui-même sujet ou régime direct, sera placé dans les deux colonnes 1 et 3; mais dès que le mot *urna* sera connu pour être le sujet, et qu'on l'aura placé dans la colonne 1, on en effacera la modification *omne*; attendu que *urna* étant féminin, ne peut être modifié par cet adjectif neutre.

Remarque II. Dans les cas encore plus douteux, où le mot, par sa terminaison, peut convenir à plus de deux colonnes, on le joindra, ou à celui qui le précede, ou à celui qui le suit immédiatement, et l'on verra de suite quelle est sa place; car les Latins semblent, dans ces cas, suivre rigoureusement la regle des langues analogues; et ne séparent pas le mot modifiant du mot modifié, lorsque, par cette séparation, le sens de la phrase pourroit devenir obscur ou équivoque. C'est d'après cette regle qu'ils ne séparent jamais ni le gérondif ni le supin de leur régime ou de leur modification. Ex. : *Discendi causa; dicendo apta; causa videndi; spem placandi; horrendum dictu; auditu novum; cubitum ire; magno natu*, etc.; ni le génitif de son substantif. Ex. : *Creator mundi; Venus Praxitelis; apparatus triumphi; contentus mortis; pecus Melibœi; divitiæ Crassi; vini cadus; patris pudor; Germanorum victoria*, etc.

§. III. Construction des phrases composées.

La phrase ou proposition composée est un assemblage de plusieurs phrases simples, liées les unes aux autres par des conjonctions ou par des pronoms relatifs, et séparées entre elles par une virgule ou par un point avec la virgule.

On fait la construction des périodes ou des phrases composées, en suivant, pour chaque phrase simple qui la compose, le même procédé qu'on a déja indiqué pour les phrases simples dans le paragraphe II. La seule précaution qu'il y ait à prendre est celle de séparer par un trait les différentes phrases simples qui composent la période, et de placer dans la colonne marginale les conjonctions et les pronoms relatifs avec leur régime. Lorsque la période sera ainsi construite dans ses parties, vous en ferez la construction entière, en commençant par la phrase qui n'est précédée ni par une conjonction ni par un pronom relatif, et en joignant les autres à celle-ci, comme on le voit pratiqué dans les exemples qui accompagnent cet ouvrage.

Remarque. Dans les périodes composées et modifiées par des phrases relatives ou incidentes, il y a une phrase qui se trouve quelquefois coupée en deux, et séparée par des traits ou des virgules. Ex. : *Grata superveniet, quæ non sperabitur, hora;* alors, pour en faire la construction, on lira d'abord la phrase coupée en deux : *hora grata superveniet;* et on lira ensuite la phrase incidente : *quæ (hora grata) non sperabitur.*

§. IV. Construction des phrases complexes.

La phrase complexe est celle où l'on trouve plusieurs noms, plusieurs verbes ou plusieurs adjectifs, etc., distingués par des virgules et liés ensemble par la conjonction *et*, exprimée ou sous-entendue.

On fait la construction des phrases complexes en suivant, et les regles que nous avons indiquées pour les phrases simples, et celles que nous avons données pour les phrases composées; c'est-à-dire qu'on séparera, par un trait sur le tableau, toutes les parties de la phrase que l'auteur aura séparées par une virgule : celles de ces parties qui se trouveront manquer, soit de sujet, soit de verbe, etc., seront complétées par les mots, soit de la phrase qui précède, soit de celle qui suit, et formeront par-là une phrase entière. Voyez les exemples qui accompagnent cet ouvrage.

Remarque. Il seroit à souhaiter que, dans les livres élémentaires, on fît usage d'une ponctuation réguliere et uniforme, puisque c'est elle principalement qui doit conduire l'éleve à découvrir la construction des phrases. Pourquoi voit-on les éditions d'Horace qu'ont publiées le P. Jouvency, le P. Sanadon, Piat, professeur de rhétorique et recteur de l'université de Paris; Valart, l'abbé Batteux, M. Binet, etc., offrir autant de ponctuations différentes, et, ce semble, arbitraires!

REMARQUES.

D'après les règles que nous venons d'établir, il n'y a pas de phrase ou de période, quelque longue et embarrassante qu'elle soit, dont on ne puisse faire aisément la construction sur le tableau.

Les seules phrases qui peuvent présenter quelque difficulté, sont celles où les auteurs ont fait usage de certains tours particuliers, peu naturels, et peu ordinaires dans la langue, mais autorisés quelquefois par l'usage, et qu'on appelle *Figures de construction*.

Ces figures se réduisent à quatre, qui sont : 1.° l'*Ellipse*; 2.° le *Pléonasme*; 3.° la *Syllepse*; 4.° l'*Hyperbate*. Pour ne rien omettre dans le développement de notre plan, nous allons les faire connoître avec quelque détail.

L'Ellipse. C'est lorsqu'il manque quelque partie dans la phrase. On pourra consulter, pour l'ellipse, notre méthode latine, où nous donnons des exemples d'ellipses pour chacune des dix parties du discours. Nous nous bornerons ici à observer, 1.° que la construction exacte des phrases elliptiques exige qu'on supplée chaque mot sous-entendu ; 2.° que ce mot doit quelquefois être suppléé par le jugement, et quelquefois être pris dans la phrase qui précède ou dans celle qui suit. Il sera d'autant plus facile, par le moyen de notre tableau, de trouver le mot sous-entendu, que l'on aura en même-tems sous les yeux, et la case vide où le mot doit être écrit, et la case écrite d'où l'on doit le prendre. Dans les exemples que nous donnons ci-après, les mots sous-entendus sont imprimés en plus petit caractère, pour qu'on les distingue mieux de ceux qui font partie de la diction de l'auteur.

Le Pléonasme. C'est lorsqu'il y a dans la phrase quelque mot superflu ou surabondant. Exemple : *vivere vitam*, *gaudere gaudium*, *furere furorem*, *servire servitutem*, où le verbe, seul, signifie autant qu'étant joint avec les autres mots.

Ces phrases ne sont pas difficiles à construire. Si le pléonasme est dans le sujet ; c'est-à-dire, si le sujet est répété, comme dans celle-ci : *Urbana Plebs*, *ea præceps erat* (Saluste), mettez les deux sujets *Plebs* et *ea* dans la même colonne du sujet. Vous en ferez autant pour le pléonasme du verbe et des autres parties de la phrase.

La Syllepse ou la *Synthèse*. C'est lorsqu'il y a disconvenance dans les mots qui se trouvent construits, plutôt selon le sens que selon l'usage. Il est assez difficile de faire la construction des phrases *sylleptiques*, parce qu'il faut pour cela, concevoir le sens autrement que les mots ne le présentent, et se guider plus par le jugement que par les paroles. Exemple : *Ubi est scelus, qui me perdidit ?* (Térence). Le relatif *qui*, masculin, ne se rapporte pas au substantif neutre *scelus* ; mais aux mots *homo scelestus* que l'esprit doit y substituer. — *Turba ruunt* (Virgil.), pour *turba ruit* : le mot *turba*, quoiqu'au singulier, présentant ici l'idée de la multitude, est regardé comme pluriel. — *Remo cum fratre, Quirinus, jura dabunt* (Virg.), *dabunt* pour *dabit*. — *Ego et populus Romanus bellum indico, facioque* (Liv.) ; *indico et facio*, sont pour *indicimus et facimus*.

L'Hyperbate. C'est lorsqu'on renverse et que l'on confond, dans la phrase, l'ordre légitime et naturel des mots. Cette figure a lieu :

1.° Lorsqu'on renverse simplement les mots. Exemple : *His accensa super.* (Virgil.) Ici la préposition *super* est après son régime au lieu d'être avant ; la construction est : *accensa super his.* — *Ore pedes, tetigique crura* (Horace). La conjonction *que* doit être après *crura*, cependant elle est avant. La construction est : *Tetigi ore pedes et crura.* — *Saxa vocant Itali, mediis quæ in fluctibus, aras :* (Virg.) *aras* appartient à la première phrase, et se trouve à la fin de la seconde. La construction est : *Itali vocant aras, saxa* (illa) *quæ* (sunt) *in mediis fluctibus.* — *Donec Regina sacerdos, Marte gravis, geminam partu dabit Ilia prolem.* Le mot *Ilia*, qui, pour la clarté, devroit se trouver vers le commencement de la phrase, a été rejeté presqu'à la fin. La construction est : *Ilia, sacerdos Regina, gravis Marte, dabit partu prolem geminam.*

2.° Lorsqu'on insère un mot dans un autre et qu'on le coupe en deux. Exemple : *Septem subjecta trioni.* (Virg.) La construction est : *Subjecta septentrioni.* — *Garrulus hunc quando consumet cumque.* (Hor.) C'est-à-dire *quandocumque.*

3.° Lorsqu'on interrompt une phrase par une autre. Exemple : *Tityre, dum redeo, (brevis est via) pasce capellas.* (Virg.) — *Grata superveniet, quae non sperabitur, hora.* La manière de faire la construction de ces phrases est la même que celle que nous avons indiqué pour les phrases composées et incidentes, dans le §. V.

On pourroit ajouter à ces figures l'*Hellénisme*, ou la phrase grecque. C'est lorsque les Latins emploient des tours et des manières qui sont propres à la langue grecque ; mais ces exemples, assez rares d'ailleurs, ne présentent pas de difficultés, quant à la construction.

CONCLUSION.

Cette Méthode de construction conduit sans peine à l'analyse de la pensée.

Comme elle habitue l'élève à décomposer chaque période en un certain nombre de phrases simples, elle ne lui laisse d'autre travail à faire ensuite, pour analyser la pensée, que celui de distinguer la phrase principale des phrases subordonnées, et de trouver le rapport de celles-ci avec la première. Alors, pour lui faire distinguer ces deux espèces de phrases, nous lui dirons que la *phrase principale* est celle qui ne dépend ni d'un pronom relatif, ni d'une conjonction, et que les *phrases subordonnées* sont celles qui dépendent soit de l'un, soit de l'autre.

Nous lui ferons observer encore que les phrases subordonnées, jointes à un pronom relatif, s'appellent *modificatives*, et sont censées faire partie de la phrase où se trouve le mot qu'elles modifient ; comme celles qui sont précédées d'une conjonction, s'appellent *déterminatives*, et se rapportent à la phrase principale toute entière.

Une fois que l'élève sera en état de distinguer clairement, dans une période, la phrase principale des phrases subordonnées, il fera aisément l'analyse de la pensée ; si, en prenant pour base la phrase principale, il se fait le petit nombre de questions que nous avons développées dans notre *Méthode pour analyser la pensée* ; savoir :

1.° Pour le Sujet et ses modifications, la question *Qui ?* ou *Quoi ?* (nominatif).

2.° Pour le Verbe et ses modifications, *Qu'est-il ? Qu'a-t-il ? Que fait-il ?*

3.° Pour le Régime direct et ses modifications, *Qui ?* ou *Quoi ?* (accusatif).

4.° Pour le Régime indirect et ses modifications, *De qui ? De quoi ? A qui ? A quoi ? Par qui ? Par quoi ?*

5.° Pour le Déterminatif et ses modifications, *Quand ? Où ? Comment ? Combien ? Pourquoi ? Par quels moyens ? Dans quel cas ? Malgré quoi ?*

Supposons, par exemple, qu'il veuille analyser cette phrase d'Horace :

Nil sine magno vita labore dedit mortalibus.

Voici les questions qu'il se fera :

Quoi ? vita
Qu'a-t-elle fait ? dedit
Quoi ? nil
A qui ? mortalibus
Comment ? sine labore magno.

On sent que si cette phrase étoit modifiée par des phrases subordonnées, soit relatives, soit déterminatives, les questions ne changeroient pas de nature, et subsisteroient toujours les mêmes, seulement les réponses seroient plus longues.

L'explication succinte que nous venons de donner ici de notre *Méthode pour analyser la pensée* et l'application que nous allons en faire aux Odes du premier livre d'Horace, suffiront sans doute pour la faire comprendre même à ceux qui ne l'auroient pas sous les yeux.

M. Ferri de Saint-Constant paroît avoir parfaitement senti les avantages de cette méthode d'analyse et de construction, pour bien traduire les auteurs. Nous renvoyons aux développemens qu'il en a donnés, dans son excellent ouvrage, ayant pour titre : *Rudimens de la Traduction.*

CONJONCTIONS, Pronoms relatifs, Interjections et Noms vocatifs.	(1) SUJET et ses Modifications.	(2) VERBE et ses Modifications.	(3) RÉGIME DIRECT et ses Modifications.	(4) RÉGIME INDIRECT et ses Modifications.	(5) DÉTERMINATIF et ses Modifications.
	ODE	I.re DU I.er	LIVRE	D'HORACE.	
PÉRIODE I. Mæcenas					atavis regibus
	tu qui	*es editus* edite			
O et	*tu qui*	*es* præsidium *meum*			
et	*tu qui*	*es* dulce decus meum			
— II. —					
	homines	Sunt			
quos			pulverem Olympicum		curriculo
		collegisse juvat			
et quos	metaq.	*est* evitata			fervidis rotis
et quos	palmaq. nobilis	evehit *evehunt*			terrarum dominos ad Deos
— III. —			Hunc		
si	*mobilium* turba quiritium	certat tollere	*hunc*	tergeminis honoribus	
si	*illa*	condidit	Illum quidquid *id*		proprio horreo
	quod	verritur			de Lybicis areis
dum	*illa*	*gaudet* gaudentem findere	patrios agros		sarculo
					Attalicis conditionibus
	tu	nunquam dimoveas	*hunc et illum*		
ut					trabe Cypria
	pavidus nauta	secet	Myrtoum mare		
— IV. —			Luctantem Icariis fluctibus Africum		
	mercator *qui*	*metuit* metuens			
			otium et rura	oppidi sui	
	ille mercator	laudat			
	ille	mox reficit	rates quassas		
	ille	indocilis *est* pati	pauperiem		
— V. —	*homo*	Est			
	qui				
nec *et*		*non* spernit	veteris pocula Massici		

ANALYSE DE LA PENSÉE ET CONSTRUCTION DE CHAQUE PÉRIODE.	DICTION LATINE D'HORACE, LIVRE I.er, ODE I.re.

I.
 	
O qui? Mæcenas, edite regibus atavis,
    O et præsidium et decus dulce meum !
	Mæcenas, atavis edite regibus,
	    O et præsidium, et dulce decus meum.

II.
 	
Qui? (Homines), quos (id) juvat collegisse pulverem
    Olympicum curriculo : meta evitata rotis fervidis,
    palmaq. nobilis evehit ad Deos dominos terrarum,
Que font-ils? (sunt).
	Sunt, quos curriculo pulverem Olympicum
	Collegisse juvat : metaque fervidis
	Evitata rotis, palmaque nobilis
	Terrarum dominos evehit ad Deos.

III.
 	
Qui? (tu),
Que feras-tu? dimoveas nunquam
Comment? conditionibus Attalicis
Qui? hunc (et) illum gaudentem findere agros patrios
    sarculo,
De quoi (nunquam dimoveas hunc et illum)? ut nauta
    pavidus secet mare Myrtoum trabe Cypria,
Dans quel cas (nunquam dimoveas hunc)? si turba
    Quiritium mobilium certat tollere (hunc) honoribus
    tergeminis,
Dans quel cas (nunquam dimoveas illum gauden-
    tem, etc.)? si ille condidit horreo proprio quidquid
    verritur de areis Lybicis.
	Hunc, si mobilium turba Quiritium
	Certat tergeminis tollere honoribus :
	Illum, si proprio condidit horreo
	Quidquid de Lybicis verritur areis,
	Gaudentem patrios findere sarculo
	Agros, Attalicis conditionibus
	Nunquam dimoveas, ut trabe Cypria
	Myrtoum pavidus nauta secet mare.

IV.
 	
Qui? Mercator, metuens Africum luctantem fluctibus
    Icariis, *Que fait-il?* laudat *Quoi?* otium et rura
    oppidi sui :
Qui? (ille mercator) indocilis pati pauperiem, *Que*
    fait-il? reficit mox *Quoi?* rates quassas.
	Luctantem Icariis fluctibus Africum
	Mercator metuens, otium et oppidi
	Laudat rura sui : mox reficit rates
	Quassas, indocilis pauperiem pati.

V. *Qui?* (Homo) qui nec (spernit) pocula Massici veteris,	Est, qui nec veteris pocula Massici,

CONJONCTIONS Pronoms relatifs, Interjections et Noms vocatifs.	(1) SUJET et ses Modifications.	(2) VERBE et ses Modifications.	(3) RÉGIME DIRECT et ses Modifications.	(4) RÉGIME INDIRECT et ses Modifications.	(5) DÉTERMINATIF et ses Modifications.
nec et	qui	non	partem		solido
		demere			de die
		spernit			
		nunc			viridi
			membra		sub arbuto
	qui homo	est stratus			
	qui homo	est nunc stratus	membra		ad aquæ
					lene
					caput sacræ
VI.					
	castra	juvant	homines Multos		
et				lituo tubæ	
	sonitus qui	est permistus			
et	bellaq.				matribus
	quæ	sunt detestata			
		juvant	multos		
VII.					
		Manet			sub Jove frigido
	venator				
				teneræ	
	qui venator	est immemor		conjugis	
seu		visa		catulis	
		est		fidelibus	
	cerva				
seu		rupit	teretes		
	Marsus				
	aper		plagas		
VIII.					
			Me		
				doctarum	
	ederæ quæ	sunt præmia		frontium	
				dis	
		miscent		superis	
			me		
	gelidum				
	nemus	secernit			populo
et	Nympharumq. leves cum Satyris				
	chori	secernunt	me		populo
si neque et		non	tibias		
	Euterpe	cohibet			
nec et si	Polyhymnia	non	Lesboum		
		refugit tendere	barbiton		
IX.					
Quod si			me	Lyricis	
				vatibus	
	tu	inseres			
					sublimi
	ego	feriam	sidera		vertice

| ANALYSE DE LA PENSÉE | DICTION LATINE D'HORACE, |
ET CONSTRUCTION DE CHAQUE PÉRIODE.	LIVRE I.er, ODE I.re
Nec spernit demere partem de die solido ; nunc stratus membra sub arbuto viridi, nunc ad caput lene aquæ sacræ, *Que fait-il?* est.	Nec partem solido demere de die Spernit ; nunc viridi membra sub arbuto Stratus, nunc ad aquæ lene caput sacræ.

V I.

Quoi? Castra et sonitus permistus lituo tubæ, bellaque detestata matribus, *Que font ces choses?* juvant *Qui?* (homines) multos.	Multos castra juvant, et lituo tubæ Permistus sonitus, bellaque matribus Detestata.

V I I.

Qui? Venator, immemor conjugis teneræ, *Que fait-il?* Manet sub Jove frigido, *Dans quel cas?* Seu cerva est visa catulis fidelibus, seu aper Marsus rupit plagas teretes.	Manet sub Jove frigido Venator, teneræ conjugis immemor : Seu visa est catulis cerva fidelibus, Seu rupit teretes Marsus aper plagas.

V I I I.

Quoi? Ederæ, præmia frontium doctarum *Que font-elles?* miscent *Qui?* me *A qui?* Dis superis : *Quoi?* Nemus gelidum, et chori leves Nympharum cum Satyris, *Que font-ils?* secernunt *Qui?* me *De quoi?* populo *Dans quel cas?* si neque Euterpe cohibet tibias, nec Polyhymnia refugit tendere barbiton Lesboum.	Me doctarum ederæ præmia frontium Dis miscent superis ; me gelidum nemus, Nympharumque leves cum Satyris chori Secernunt populo ; si neque tibias Euterpe cohibet, nec Polyhymnia Lesboum refugit tendere barbiton.

I X.

Qui? (Ego) *Que ferai-je?* feriam *Quoi?* sidera *Comment?* vertice sublimi *Dans quel cas?* si (tu) inseres me vatibus lyricis.	Quod si me lyricis vatibus inseres, Sublimi feriam sidera vertice.

CONJONCTIONS Pronoms relatifs, Interjections et Noms vocatifs.	(1) SUJET et ses Modifications.	(2) VERBE et ses Modifications.	(3) RÉGIME DIRECT et ses Modifications.	(4) RÉGIME INDIRECT et ses Modifications.	(5) DÉTERMINATIF et ses Modifications.
PÉRIODE I.	ODE	II.e DU I.er	LIVRE	D'HORACE.	
	Pater	misit Jam satis			in terris
				nivis	
atque				diræ grandinis	in terris
	Pater	misit Jam satis			
et					
quia					rubente dexterâ
			sacras		
	ille	est jaculatus	arces		
	ille	terruit	urbem		
II.	ille	Terruit	gentes		
	grave	rediret			
ne	sæculum Pyrrhæ				
			nova monstra		
	quo Pyrrha	questæ est questa			
			omne		
cum	Proteus	egit	pecus		altos visere montes
	piscium				
et cum	genus	hæsit			summâ ulmo
		nota			
quæ	ulmos	sedes			
		fuerat		columbis	
et cum					superjecto æquore
	pavidæ	natàrunt			
	damæ				
III.	nos	Vidimus	flavum Tiberim		
		entibus retortis			littore Etrusco
		violenter			
	undis				
	illum Tiberim	ire dejectum	monumenta Regis		
et	illum	ire dejectum	Templaque Vestæ		
				Iliæ	
dum			se	nimiùm querenti	
	amnis uxorius	jactat	ultorem		
		vagus			
et dum		labitur		sinistrâ ripà	Jove non probante
	uxorius				
	ille amnis				
IV.	juventus	Audiet	cives acuisse ferrum		
quo ferro	graves				
	Persæ	melius			
		perirent			

ANALYSE DE LA PENSÉE
ET CONSTRUCTION DE CHAQUE PÉRIODE.

DICTION LATINE D'HORACE,
LIVRE I.er, ODE II.e

I.

Qui ? Pater
Qu'a-t-il fait ? misit jam satis
De quoi ? nivis atque grandinis diræ
Où ? in terris.

Qu'a-t-il fait encore ? terruit
Quoi ? urbem
Comment ? (quia est) jaculatus arces sacras dexterâ
   rubente.

Jam satis terris nivis, atque diræ
Grandinis misit pater; et, rubente
Dexterâ sacras jaculatus arces,
   Terruit urbem.

II.

Qui ? (Ille)
Qu'a-t-il fait ? terruit
Comment ? ne sæculum grave Pyrrhæ rediret, (Pyrrhæ)
   questæ monstra nova cum Proteus egit pecus omne
   visere (*ou* ad videndum) montes altos ; et (cum)
   genus piscium hæsit ulmo summâ quæ (ulmus)
   fuerat sedes nota columbis ; et (cum) damæ pavidæ
   natârunt æquore superjecto.

Terruit gentes, grave ne rediret
Sæculum Pyrrhæ, nova monstra questæ :
Omne cum Proteus pecus egit altos
   Visere montes :

Piscium et summâ genus hæsit ulmo,
Nota quæ sedes fuerat columbis ;
Et superjecto pavidæ natârunt
   Æquore damæ.

III.

Qui ? (nos)
Qu'avons-nous fait ? vidimus
Quoi ? flavum Tiberim ire dejectum monumenta
   Regis, templaque Vestæ,
Comment ? undis (entibus) retortis violenter littore
   Etrusco,
Quand ? dum amnis uxorius jactat se ultorem Iliæ
   querenti nimiùm, et labitur vagus sinistrâ ripâ,
   Jove non probante.

Vidimus flavum Tiberim, retortis
Littore Etrusco violenter undis,
Ire dejectum monumenta Regis,
   Templaque Vestæ :

Iliæ dum se nimiùm querenti
Jactat ultorem, vagus et sinistrâ
Labitur ripâ, Jove non probante,
   Uxorius amnis.

IV.

Qui ? Juventus, rara vitio parentum *Que fera-t-elle ?*
   audiet *Quoi ?* cives accuisse ferrum, quo (ferro)
   Persæ graves meliùs perirent.

Audiet cives accuisse ferrum,
Quo graves Persæ meliùs perirent :

CONJONCTIONS Pronoms relatifs, Interjections et Noms vocatifs.	(1) SUJET et ses Modifications.	(2) VERBE et ses Modifications.	(3) RÉGIME DIRECT et ses Modifications.	(4) RÉGIME INDIRECT et ses Modifications.	(5) DÉTERMINATIF et ses Modifications.
et	juventus	audiet	pugnas		
					vitio parentum
		est rara			
	illa juventus quæ				
V. Quem Divûm	populus	vocet			
				Imperi ... rebus ?	ruentis
VI. Prece quâ		fatigent			
	virgines sanctæ				
	Vestam	minus audientem	carmina		
			Vestam		
VII. Cui		dabit	partes ... scelus expiandi		
	Jupiter?				
VIII. ut	tu	Tandem venias			
	nos	precamur	te		
			candentes humeros		nube
	qui	es amictus			
Augur Apollo IX.					
Sive	tu	mavis venire			
	Erycina ridens				
quam Erycinam	Jocus	circumvolat			
et quam	Cupido	circumvolat			
sive	tu auctor	respicis	neglectum genus		
et si		respicis	nepotes		
	tu auctor				
Heu					nimis longo ludo !
	tu, auctor qui	es satiatus satiate			
quem auctorem	clamor	juvat			
et quem	galeæque leves	juvant			
quem	qui vultus est acer				
et	Mauri peditis				
	vultus			in hostem	cruentum
		juvat			
sive			juvenem		mutata figura
	tu Ales	in terris			
		imitaris			
	tu qui	es almæ filius Majæ			

ANALYSE DE LA PENSÉE ET CONSTRUCTION DE CHAQUE PÉRIODE.	DICTION LATINE D'HORACE LIVRE I.ᵉʳ ODE II.ᵉ
Que fera-t-elle encore? audiet *Quoi?* pugnas.	Audiet pugnas, vitio parentum Rara juventus.
V. *Qui?* Quem divûm *Qui?* populus *Que fera-t-il?* vocet *A quoi, en faveur de quoi?* rebus imperî ruentis?	Quem vocet Divûm populus ruentis Imperî rebus?
VI. *Comment?* Quâ prece *Qui?* virgines sanctæ *Que feront-elles?* fatigent *Qui?* Vestam audientem minus carmina?	Prece quâ fatigent Virgines sanctæ minus audientem Carmina Vestam?
VII. *A qui?* Cui *Qui?* Jupiter *Que fera-t-il?* dabit *Quoi?* partes expiandi scelus?	Cui dabit partes scelus expiandi Jupiter?
VIII. *O qui?* Apollo augur, (qui es) amictus humeros candentes nube, *Qui?* nos *Que fesons-nous?* precamur *Qui?* (te) *De quoi?* (ut tu) venias tandem:	Tandem venias, precamur, Nube candentes humeros amictus, Augur Apollo:
IX. *Dans quel cas?* Sive tu, Erycina ridens, quam Jocus et Cupido circumvolat, mavis (venire): *Dans quel cas?* sive, tu, auctor, respicis genus neglectum et nepotes; Heu (tu) satiate ludo nimis longo! (tu) quem clamor, galeæque leves, et (quem) vultus peditis Mauri, acer in hostem cruentum, juvat: *Dans quel cas?* sive tu, ales imitaris in terris juvenem, mutatâ figurâ, (tu) filius Majæ almæ,	Sive tu mavis, Erycina ridens, Quam Jocus circumvolat, et Cupido: Sive neglectum genus, et nepotes Respicis, auctor; Heu nimis longo satiate ludo! Quem juvat clamor, galeæque leves, Acer et Mauri peditis cruentum Vultus in hostem: Sive mutatâ juvenem figurâ, Ales, in terris imitaris, almæ Filius Majæ,

CONJONCNIOTS Pronoms relatifs, Interjections et Noms vocatifs.	(1) SUJET et ses Modifications.	(2) VERBE et ses Modifications.	(3) RÉGIME DIRECT et ses Modifications.	(4) RÉGIME INDIRECT et ses Modifications.	(5) DÉTERMINATIF et ses modifications.
	tu	patiens vocari Cæsaris			
		ultor			
		serus			in cœlum
	tu	redeas			
et		diùque			
		lætus			
	tu	intersis		populo Quirini	
neve ut		non	te nostris		
			vitiis		
			iniquum		
		ocyor			
X.	aura	tollat			
	tu	Hic potius	triumphos magnos		
		hic			
	tu	ames dici pater			
atque	tu	ames hic diui princeps			
neu	tu	sinas			
	Medos	equitare inultos			te duce
Cæsar.					

ODE III.

CONJONCNIOTS	SUJET	VERBE	RÉGIME DIRECT	RÉGIME INDIRECT	DÉTERMINATIF
I. Sic			te		
	diva potens Cypri	regat			
sic	fratres Helenæ	regent	te		
	qui fratres	ruit lucida sidera			
et	ventorumq.	regat	te		
	pater				
	aliis ventis	entibus obstrictis			præter Iapyga
Navis,	quæ		tibi		
			creditum		
		debes	Virgilium		
				finibus Atticis	
	tu	reddas	illum incolumem		
	ego	precor	te		
et	tu	serves	animæ		
			dimidium meæ		
II.				Illi	
	robur	erat			circa pectus
et	æs triplex	erat		illi	circa pectus
qui			fragitem	truci	
		commisit	ratem	pelago	
	primus				
nec et	qui	non timuit	præcipitem		
			Africum decertantem		
			Aquilonibus		

ANALYSE DE LA PENSÉE	DICTION LATINE D'HORACE
ET CONSTRUCTION DE CHAQUE PÉRIODE.	LIVRE I.er, ODE I.re.

patiens vocari ultor Cæsaris :
Qui? (tu)
Que feras-tu? redeas serus
Où? in cœlum :
Que feras-tu encore? intersis, lætus diùque
A qui? populo Quirini :
Et quoi? neve aura ocyor
Que fera-t-elle? tollat
Qui? te iniquum vitiis nostris.

                        Patiens vocari
   Cæsaris ultor :

Serus in cœlum redeas, diùque
Lætus intersis populo Quirini :
Neve te nostris vitiis iniquum
    Ocyor aura
Tollat.

X.

O qui? (tu) Cæsar,
Que feras-tu? (ames) potius hic
Quoi? triumphos magnos,
Que feras-tu encore? ames hic
Quoi? dici parer atque princeps :
Qui? (tu) *Que feras-tu?* (neu) sinas
Quoi? medos equitare inultos, te duce.

         Hic magnos potius triumphos,
Hic ames dici pater, atque princeps :
Neu sinas, Medos equitare inultos,
    Te duce, Cæsar.

ODE III.

I.

O qui? Navis quæ debes Virgilium creditum tibi,
Qui? (ego)
Que fais-je? precor
Qui (te)
De quoi? (tu) reddas (illum) incolumem finibus
    Atticis, et serves dimidium animæ meæ,
Comment? sic Diva potens Cypri, sic fratres Helena,
    lucida sidera, et Pater ventorum regat te, aliis
    (ventis) obstrictis, præter Iapyga.

       Sic te diva potens Cypri,
Sic fratres Helenæ, lucida sidera,
    Ventorumque regat pater,
Obstrictis aliis, præter Iapyga,
    Navis, quæ tibi creditum
Debes Virgilium, finibus Atticis
    Reddas incolumem, precor,
Et serves animæ dimidium meæ.

II.

Quoi? Robur et æs triplex,
Que fesait-cela? erat
Où? circa pectus
A qui? illi, qui primus commisit ratem fragilem pelago
    truci, nec timui Africum præcipitem decertantem
    Aquilonibus,

       Illi robur, et æs triplex
Circa pectus erat, qui fragilem truci
    Commisit pelago ratem
Primus, nec timuit præcipitem Africum
    Decertantem Aquilonibus,

CONJONCTIONS Pronoms relatifs, Interjections et Noms vocatifs.	(1) SUJET et ses Modifications.	(2) VERBE et ses Modifications.	(3) RÉGIME DIRECT et ses Modifications.	(4) RÉGIME INDIRECT et ses Modifications.	(5) DÉRERMINATIF et ses Modifications.
nec et	qui	non timuit	tristes Hyadas		
nec et	qui	non timuit	rabiem Noti		
quo noto	arbiter — Adriæ	non — est major			
seu	ille	vult — tollere	freta		
seu	illu	— ponere / vult	freta		
III. Quem mortis gradum		timuit			
	illo qui	vidit			siccis oculis
	qui	vidit	monstra natantia / mare turgidum		
et	qui	vidit	— infames / scopulos Acroceraunia?		
IV.	Deus / prudens	Nequidquam abscidit	terras	Oceano dissociabili	
si tamen	impiæ / rates	transiliunt	non tagenda / vada		
V.	quæ gens humana	est Audax / perpeti	negotia omnia		
	gens humana	ruit			per vetitum / nefas
VI.	Audax Iapeti / genus	intulit	ignem	gentibus	fraude malâ
VII.	qui ignis	est subductus / subductum			Post ignem / ætheriâ / domo
	macies	incubuit		terris	
et	nova febrium / cohors	incubuit		terris	
et	semotiq.				
	quæ necessitas / necessitas lethi	prius erat tarda / corripuit	gradum		
VIII.	Dædalus	Expertus est	vacuum aëra		pennis non homini datis
IX.	Herculeus / labor	Perrupit	Acheronta		
X.	Nil	arduum est		mortalibus	

| ANALYSE DE LA PENSÉE | DICTION LATINE D'HORACE, |
ET CONSTRUCTION DE CHAQUE PÉRIODE.	LIVRE I.er, ODE I.re

nec Hyadas tristes, nec rabiem Noti, quo arbiter Adriæ non (est) major, seu (ille vult) tollere, seu vult ponere freta.	Nec tristes Hyadas, nec rabiem Noti : Quo non arbiter Adriæ Major, tollere, seu ponere vult freta.

III.

Qui? (Ille) qui vidit oculis siccis monstra natantia, mare turgidum et scopulos infames Acroceraunia, *Qu'a-t-il fait ?* timuit *Quoi?* quem (nullum) gradum mortis ?	Quem mortis timuit gradum, Qui siccis oculis monstra natantia, Qui vidit mare turgidum, et Infames scopulos Acroceraunia ?

IV.

Qui? Deus prudens *Qu'a-t-il fait?* abscidit nequicquam *Quoi?* terras *De quoi?* Oceano dissociabili *Dans quel cas?* si tamen rates impiæ transiliunt vada non tangenda.	Nequicquam Deus abscidit Prudens Oceano dissociabili Terras : si tamen impiæ Non tangenda rates transiliunt vada.

V.

Qui? Gens humana, audax perpeti omnia *Que fait-elle?* ruit *Où?* per nefas vetitum.	Audax omnia perpeti, Gens humana ruit per vetitum nefas.

VI.

Quoi? Genus audax Iapeti *Qu'a-t-il fait?* intulit *Quoi?* ignem *A qui?* gentibus *Comment?* fraude malà.	Audax Iapeti genus Ignem fraude malà gentibus intulit.

VII.

Quoi? Macies, et cohors nova febrium *Qu'a-t-elle fait?* incubuit *A quoi?* terris : (et) *Quoi?* necessitas lethi semoti, priùs tarda *Qu'a-t-el le fait?* corripuit *Quoi?* gradum *Quand?* post ignem subductum domo æthereâ.	Post ignem, æthereâ domo Subductum, macies, et nova febrium Terris incubuit cohors : Semotique, priùs tarda, necessitas Lethi corripuit gradum.

VIII.

Qui? Dædalus *Qu'a-t-il fait?* (est) expertus *Quoi?* aëra vacuum *Comment?* pennis non datis homini.	Expertus vacuum Dædalus aëra Pennis non homini datis.

IX.

Quoi? Labor Herculeus, *Qu'a-t-il fait?* perrupit *Quoi?* Acheronta.	Perrupit Acheronta Herculeus labor.

X.

Quoi? Nil *Que fait-il?* est arduum *A qui?* mortalibus.	Nil mortalibus arduum est.

CONJONCTIONS Pronoms relatifs, Interjections et Noms vocatifs.	(1) SUJET et ses Modifications.	(2) VERBE et ses Modifications.	(3) RÉGIME DIRECT et ses Modifications.	(4) RÉGIME INDIRECT et ses Modifications.	(5) DÉTERMINATIF et ses Modifications.
XI.			Cœlum ipsum		
	nos	petimus			ex stultitiâ
neque	nos				per nostrum
		patimur			scelus
			iracunda		
	Jovem	ponere	fulmina		
		ODE IV.			
I.		Solvitur			
	acris				
	hyems				grata vice veris
et	hyems acris	solvitur			vice gratâ Favoni
(et)	machinæ	trahuntq.	siccas carinas		
ac neque		gaudet jam		stabulis	
	pecus				
aut	arator	gaudet jam		igni	
nec	prata	albicant			pruinis canis
II.	Cytherea	ducit Jam	choros		
	Venus				Lunâ imminente
et	Gratiæ, quæ	sunt junctæq.		Nymphis	
	Gratiæ decentes		terram		alterno pede
		quatiunt			
dum	Vulcanus ardens	urit	graves Cyclopum officinas		
III.	id	decet Nunc			
aut			nitidum caput		viridi
		impedire			myrto
aut		impedire	caput nitidum		flore
quem	terræ solutæ	ferunt			
Nunc et				Fauno	in umbrosis lucis
	id	decet immolare			
seu	ille	poscat	agnam		
sive	ille	malit	hœdum		
IV.	Pallida mors	pulsat			æquo pede
			pauperum tabernas		

ANALYSE DE LA PENSÉE	DICTION LATINE D'HORACE,
ET CONSTRUCTION DE CHAQUE PÉRIODE.	LIVRE I.er, ODE III.e

XI.

Qui? (nos) *Que fesons-nous?* petimus *Quoi?* cœlum
ipsum *Comment?* stultitiâ ;
neque
Qui? nos *Que fesons-nous?* patimur *Quoi?* Jovem
ponere fulmina iracunda *Pourquoi?* per scelus nostrum.

Cœlum ipsum petimus stultitiâ ; neque
Per nostrum patimur scelus ,
Iracunda Jovem ponere fulmina.

ODE IV.

I.

Quoi? Hyems acris, *Que fait-il?* solvitur
Comment? vice gratâ veris et Favonî,
et
Quoi? machinæ *Que font-elles?* trahunt *Quoi?*
carinas siccas ;
ac
Quoi? pecus *Que fait-il?* neque gaudet jam *De quoi?*
stabulis ;
aut
Qui? arator *Que fait-il?* (gaudet) *De quoi?* igni ;
nec
Quoi? prata *Que font-ils?* albicant *Par quel moyen?*
pruinis canis.

Solvitur acris hyems gratâ vice
Veris et Favonî,
Trahuntque siccas machinæ carinas ;
Ac neque jam stabulis gaudet pecus,
Aut arator igni ;
Nec prata canis albicant pruinis.

II.

Qui? Venus Cytherea *Que fait-elle?* jam ducit *Quoi?*
choros *Quand?* Lunâ imminente :
et
Qui? Gratiæ decentes, junctæ Nymphis *Que font-
elles?* quatiunt *Quoi?* terram *Comment?* pede
alterno, *Quand?* dum Vulcanus ardens urit officinas
graves Cyclopum.

Jam Cytherea choros ducit Venus,
Imminente Lunâ :
Junctæque Nymphis Gratiæ decentes
Alterno terram quatiunt pede,
Dum graves Cyclopum
Vulcanus ardens urit officinas.

III.

Quoi? Impedire caput nitidum aut myrto viridi,
aut flore, quem terræ solutæ ferunt *Que fait cela?*
decet nunc *Qui?* nos.
Et
Quoi? Immolare Fauno in lucis umbrosis, seu (ille)
poscat agnam, sive malit hœdum *Que fait cela?*
decet nunc *Qui?* nos.

Nunc decet aut viridi nitidum caput
Impedire myrto,
Aut flore, terræ quem ferunt solutæ.
Nunc et in umbrosis Fauno decet
Immolare lucis,
Seu poscat agnam, sive malit hœdum.

IV.

Qui? Mors pallida *Que fait-elle?* pulsat *Comment?*
pede æquo *Quoi?* tabernas pauperum

Pallida mors æquo pulsat pede
Pauperum tabernas,

CONJONCTIONS Pronoms relatifs, Interjections et Noms vocatifs.	(1) SUJET et ses Modifications.	(2) VERBE et ses Modifications.	(3) RÉGIME DIRECT et ses Modifications.	(4) RÉGIME INDIRECT et ses Modifications.	(5) DÉTERMINATIF et ses Modifications.
et	mors pallida	pulsat	regumq.		
			turres		
— V. —					
O beate					
Sexti,	vitæ				
	summa brevis		spem		
		nos			
		vetat — inchoare	longam		
— VI. —					
		Jam	te		
		premet			
	nox				
(et)	— fabulæq.				
	Manes	premet jam	te		
et	domus — exilis				
	— Plutonia —	premet jam	te		
quò, simul	tu	meàris			
	tu	non	regna vini		talis
		— sortiere —			

O D E V.

CONJONCTIONS Pronoms relatifs, Interjections et Noms vocatifs.	(1) SUJET et ses Modifications.	(2) VERBE et ses Modifications.	(3) RÉGIME DIRECT et ses Modifications.	(4) RÉGIME INDIRECT et ses Modifications.	(5) DÉTERMINATIF et ses Modifications.
— I. —					
	tu	Scriberis		Vario	
		— fortis			
et		— hostium			
	tu	scriberis victor		Vario	
				— Mæonii	
				carminis	
	qui Varius	est ales — alite			
Quam rem cumque					
	— ferox navibus				
	— aut equis				
miles					te duce
		gesserit			
— II. —					
	Nos				
Agrippa, neque		conamur	hæc		
		— dicere			
nec	nos	conamur dicere	— gravem Pelidæ		
			stomachum		
		— cedere			
	qui Pelides	est nescius nescii			
nec	nos	conamur dicere	cursus — duplicis		
			per mare Ulyssei		
nec			— sævam Pelopis		
			domum —		
	nos	conamur — dicere			
	nos tenues	non conamur dicere	hæc grandia		
dum	pudor	vetat nos deterere	laudes, etc.		culpâ ingeni
(et) dum	— imbellisq.				
	lyræ				
	Musa				
	potens	vetat — nos deterere	laudes — egregii		culpâ ingeni
			Cæsaris		
et dum	pudor et musâ potens	vetant	laudes tuas		culpâ
		— nos deterere			— ingeni

ANALYSE DE LA PENSÉE	DICTION LATINE D'HORACE,
ET CONSTRUCTION DE CHAQUE PÉRIODE.	LIVRE I.er, ODE IV.e

(et) turres regum.	Regumque turres.

V.

O Sexti beate ,	O beate Sexti ,
Quoi ? summa brevis vitæ *Que fait-elle ?* vetat nos inchoare *Quoi ?* spem longam.	Vitæ summa brevis spem nos vetat Inchoare longam.

V I.

Quoi ? Nox , et Manes fabulæ , et domus Plutonia exilis , quò meâris simul non sortiere regna vini talis *Que fait-elle ?* jam premet *Qui ?* te.	Jam te premet nox , fabulæque Manes , Et domus exilis Plutonia : Quò simul meâris , Non regna vini sortiere talis.

O D E V.

I.

Qui ? (Tu) *Que feras-tu ?* scriberis fortis et victor hostium *Par qui ?* Vario , alite carminis Mæonii , *Comment ?* quamcumque rem miles ferox navibus aut equis gesserit te duce.	Scriberis Vario fortis , et hostium Victor , Mæonii carminis alite , Quam rem cumque ferox navibus , aut equis Miles te duce gesserit.

I I.

Agrippa , *Qui ?* nos *Que fesons-nous ?* neque conamur dicere *Quoi ?* hæc , nec stomachum gravem Peleidæ , nescii cedere , nec domum sævam Pelopis , *Pourquoi ?* (nos) tenues (non conamur dicere hæc) grandia ; *Quand ?* Dum pudor , Musaque potens lyræ imbellis vetat deterere laudes Cæsaris egregii et tuas , culpa ingenî :	Nos , Agrippa , neque hæc dicere , nec gravem Peleidæ stomachum cedere nescii , Nec cursus duplicis per mare Ulyssei , Nec sævam Pelopis domum , Conamur , tenues grandia : dum pudor , Imbellisque lyræ Musa patens vetat Laudes egregii Cæsaris , et tuas Culpâ deterere ingenî.

CONJONCTIONS Pronoms relatifs, Interjections et Noms vocatifs	(1) SUJET et ses Modifications.	(2) VERBE et ses Modifications.	(3) RÉGIME DIRECT et ses Modifications.	(4) RÉGIME INDIRECT et ses Modifications.	(5) DETERMINATIF et ses Modifications.
Quis			Martem		tunicâ
			tectum		Adamantinâ
		digne scripserit			
aut					pulvere Troïco
quis		scripserit digne	nigrum Merionem		
aut					ope Palladis
quis		scripserit digne	Tydiden Superis parem		
			ODE VI.		
I.					
	homines alii	Laudabunt	claram Rhodon		
aut	alii	laudabunt	Mytilenem		
aut	alii	laudabunt	Ephesum		
vel	alii	laudabunt	bimarisve Corinthi moenia		
vel	alii	laudabunt	Baccho Thebas insignes		
vel	alii	laudabunt	Apolline Delphos insignes		
aut	alii	laudabunt	Thessala Tempe		
II.					
	homines	Sunt			
quibus	unum opus	est	intactæ Palladis urbem		carmine perpetuo
		celebrare			
et			undique decerptam olivam	fronti	
		præponere			
III.					
	homo Plurimus				in Junonis honorem
		dicit	aptum equis Argos		
et	ille	dicit	ditesque Mycenas		in honorem Junonis
IV.					
			Me		
nec	patiens Lacædemon	tam percussit			
nec	Larissæ campus opimæ	tam percussit			
quàm	domus Albuneæ reso-nantis	percussit	me		
et	præceps	percussit	me		
quàm	Anio				

ANALYSE DE LA PENSÉE ET CONSTRUCTION DE CHAQUE PÉRIODE.	DICTION LATINE D'HORACE, LIVRE I.ᵉʳ, ODE V.ᵉ
Qui? Quis *Que fera-t-il?* scripserit *Qui?* Martem, tectum tunicâ adamantinâ, aut Merionem nigrum pulvere Troïco, aut Tydiden parem Superis, ope Palladis.	Quis Martem tunicâ tectum adamantinâ Dignè scripserit? aut pulvere Troïo Nigrum Merionem? aut ope Palladis Tydiden Superis parem?

ODE VI.

I.

| *Qui?* Alii (homines)
Que feront-ils? laudabunt
Quoi? Rhodon claram, aut Mitylenem, aut Ephesum, mæniave Corinthi bimaris, vel Thebas insignes Baccho, vel Delphos Apolline, aut Tempe Thessala. | Laudabunt alii claram Rhodon, aut Mitylenem,
Aut Ephesum, bimarisve Corinthi
Mænia, vel Baccho Thebas, vel Apolline Delphos
Insignes, aut Thessala Tempe. |

II.

| *Qui?* (Homines) quibus unum opus est, celebrare carmine perpetuo, urbem Palladis intactæ et præponere fronti olivam undique decerptam
Que font-ils? sunt. | Sunt quibus unum opus est, intactæ Palladis urbem
Carmine perpetuo celebrare, et
Undique decerptam fronti præponere olivam. |

III.

| *Qui?* (homo) Plurimus *Que fait-il?* dicit *Comment?* in honorem Junonis, *Quoi?* Argos, aptum equis, et Mycenas dites. | Plurimus, in Janonis honorem,
Aptum dicit equis Argos, ditesque Mycenas. |

IV.

| Nec *Quoi?* Lacedæmon patiens *Qu'a-t-il fait?* (percussit) tam *Qui?* (me). Nec *Quoi?* Campus Larissæ opimæ *Qu'a-t-il fait?* (percussit) tam *Qui?* me *Combien?* quam domus Albuneæ resonantis, et Anio præceps, et lucus Tiburni et pomaria uda rivis mobilibus, (percusserunt me). | Me nec tam patiens Lacædemon,
Nec tam Larissæ percussit campus opimæ,
Quàm domus Albuneæ resonantis,
Et præceps Anio, et Tiburni lucus, et uda
Mobilibus pomaria rivis. |

CONJONCTIONS Pronoms relatifs, Interjections et Noms vocatifs	(1) SUJET et ses Modifications.	(2) VERBE et ses Modifications.	(3) RÉGIME DIRECT et ses Modifications.	(4) RÉGIME INDIRECT et ses Modifications.	(5) DÉTERMINATIF et ses Modifications.
et	Tiburni				
	lucus	percussit	me		
et	uda mobilibus				
	pomaria riuis	percusserunt	me		
V.					
ut	Albus				obscuro
		deterget	nubila		cœlo
		sæpè			
	Notus				
neque	ille	parturit	imbres perpetuos		
sic	tu sapiens	finire	tristitiam		
		memento			
	tu sapiens	memento finire	vitæq.		
			labores		
					molli
Plance					mero
seu			te		
	fulgentia signis				
	castra	tenent			
seu	densa	tenebit	te		
	umbra Tiburis tui				
VI.					
	Teucer		Salamina, patremq.		
cum		fugeret			
tamen	ille		uda Lyæo		populeâ
			tempora		coronâ
		fertur vinxisse			
tum	ille	sic	tristes		
		affatus est			
			amicos		
Quò			nos		
cumque		feret			
	melior				
	fortuna parente				
	nos	ibimus			
ô socii comitesque					
	nil	desperandum est			Teucro duce
et	nil	desperandum est			auspice Teucro
	certus				
enim	Apollo	promisit			
					tellure novâ
	Salamina	ambiguam futuram esse			
O fortes		pejoraq.			
et		passi mecum sæpè			
viri	qui	estis			
	nos	nunc pellite	curas		vino
	nos	Cras iterabimus	ingens æquor		

Faute d'impression à corriger dans le tableau à la page 8, période VII, colonne 5.
Pour conserver la diction du poète, mettez sur la première ligne les mots *sub Jove frigido*, qui se trouvent sur la seconde; vous lirez alors : *Manet sub Jove frigido venator.* etc., au lieu de *Manet venator sub Jove frigido.*

AVERTISSEMENT.

De *plus longs développemens sur la manière de placer les mots dans le cadre de construction, étant désormais inutiles, nous nous bornerons à donner l'analyse de la pensée des autres odes du premier livre d'Horace. D'après cette analyse, les instituteurs et les élèves eux-mêmes, ayant sous les yeux un livre de ce poëte, pourront aisément former des tableaux semblables à ceux qui viennent d'être tracés, et s'assurer par là de la régularité de leur procédé et de l'avantage de la méthode.*

N. B. Dans les analyses qui vont suivre, les mots italiques *qui? quoi?* etc., désignent la question qu'on doit se faire ; le trait simple — sépare les différentes parties des phrases ou des périodes ; la parenthèse ( ) renferme les mots sous-entendus ; le double crochet [ ] comprend les vocatifs, les interjections, les mots conjonctifs et interrogatifs ; enfin l'astérique, placé dans un double crochet [*], indique que la conjonction *et* est sous-entendue.

Comment? Ut Notus albus deterget sæpe nubila cœlo obscuro, neque parturit imbres perpetuos, sic : — *qui?* tu, Plance sapiens — *que feras-tu?* memento finire — *quoi?* tristitiam, et labores vitæ — *par quel moyen?* mero molli — *dans quel cas?* seu castra fulgentia signis tenent te, seu umbra densa Tiburis tui tenebit (te).

Quand? Cum Teucer fugeret Salamina, patremque, — *que fit-il?* fertur tamen vinxisse — *quoi?* tempora uda Lyæo — *comment?* coronâ populeâ — *qui?* (ille qui) affatus (est) amicos tristes, sic : « O socii, comitesque, (nos) ibimus quocumque fortuna melior parente feret nos : nil (est) desperandum, Teucro duce, et Teucro auspice ; enim Apollo certus promisit Salamina futuram ambiguam tellure novâ : O viri fortes, sæpeque passi mecum pejora, (vos) pellite nunc curas vino : (nos) iterabimus cras æquor ingens. »

ODE VII.

Qui? (tu) Lydia — *que feras-tu?* dic [oro te per Deos omnes] — *quoi?* cur (tu) properes perdere Sybarin amando (illum)? cur (ille) patiens pulveris, atque solis, oderit campum apricum? cur (ille) militaris neque equitet inter æquales, nec temperet ora Gallica frænis lupatis? cur (ille) timet tangere Tiberim flavum? cur (ille) vitat olivam cautiùs sanguine viperino? neque (ille) sæpe nobilis disco, sæpe jaculo expedito trans finem, jam gestat brachia livida armis? quid (ille) latet, ut dicunt filium Thetidis marinæ (latuisse) sub funera lacrymosa Trojæ ; ne cultus virilis proriperet (illum) in cædem, et (in) catervas Lycias?

ODE VIII.

Qui? (tu) — *que fais-tu?* Vides — *quoi?* ut Soracte stet candidum nive altâ, nec jam sylvæ laborantes sustineant onus, et (ut) flumina constiterint gelu acuto?

Qui? (tu) Taliarche, reponens large ligna super foco, — *que feras-tu?* dissolve — *quoi?* frigus : [atque] — *qui?* (tu) — *que feras-tu?* deprome benignius — *quoi?* merum quadrimum — *d'où?* diotâ Sabinâ.

Qui? (tu) — *que feras-tu?* Permitte — *quoi?* cætera — *à qui?* Divis, qui simul stravere ventos depræliantes æquore fervido, nec cupressi, nec orni veteres agitantur.

Qui? (tu) — *que feras-tu?* Fuge quærere — *quoi?* quid sit futurum cras ; [et] — *qui?* (tu) — *que feras-tu?* appone lucro — *quoi?* quemcumque dierum fors dabit (tibi) ; [nec] — *qui?* tu puer — *que feras-tu?* sperne — *quoi?* Camœnas dulces, neque choreas, — *quand?* donec canities morosa abest (tibi) virenti. [Nunc] — *quoi?* et campus, et areæ, et susurri lenes sub noctem — *que feront-ils?* repetantur — *quand?* horâ compositâ.

ODE IX.

[Mercuri facunde, nepos Atlantis, qui catus formasti, voce et more palestræ decoræ, cultus feros hominum recentûm !] — *qui?* (ego) — *que ferai-je?* canam — *qui?* te, nuncium Jovis magni et Deorum, et (te) parentem lyræ curvæ, (te) callidum condere, quidquid placuit, furto jocoso.

Qui? Apollo, viduus pharetrâ — *que fit-il?* risit, — *quand?* dum terret te puerum voce minaci, nisi reddidisses boves amotas per dolum.

[Quin et] — *qui?* Priamus dives — *que fit-il?* fefellit — *qui?* Atridas superbos (et) ignes Thessalos et castra iniqua Trojæ, — *comment?* te duce, — *quand?* Ilio relicto.

Qui? Tu, gratus superis, et imis Deorum, — *que fais-tu?* reponis — *quoi?* animas pias — *où?* sedibus lætis ; [et] — *qui?* (tu) — *que fais-tu?* coërces — *quoi?* turbam levem — *comment?* virgâ aureâ.

ODE X.

Qui? Tu, Leuconoë, — *que feras-tu?* ne quæsieris scire [nefas !] — *quoi?* quem finem Dî dederint mihi, quem tibi : [nec] *qui?* (tu) *que feras-tu?* tentâris — *quoi?* numeros Babylonios, — *pourquoi?* ut (utpote erit) melius pati quidquid erit !

Dans quel cas? Seu Jupiter tribuit hyemes plures, seu (ille tribuit hyemem) ultimam (eam), quæ nunc debilitat mare Tyrrhenum, pumicibus oppositis — *qui?* (tu) — *que feras-tu?* sapias, liques vina et reseces spem longam, spatio brevi.

Quoi? Ætas invida — *que fait-elle?* fugerit — *quand?* dum loquimur : — *qui?* (tu) quam minimum credula postero — *que feras-tu?* carpe — *quoi?* diem (præsentem).

ODE XI.

Qui? (tu) Clio, — *que feras-tu?* sumes celebrare — *comment?* lyrâ vel tibiâ acri — *qui?* quem virum, aut heroa? quem Deum, cujus nomen imago jocosa recinet, aut in oris umbrosis Heliconis, aut super Pindo, vel in Hæmo gelido ; unde sylvæ insecutæ (sunt) temerè Orphea vocalem, morantem arte maternâ lapsus rapidos fluminum, ventosque celeres, et blandum ducere quercus auritas, fidibus canoris.

[Quid] — *qui?* (ego) — *que ferai-je?* dicam — *quand?* prius laudibus solitis parentis, qui (temperat) res hominum ac Deorum, qui temperat mare et terras, mundumque horis variis? unde nil generatur majus ipso, nec quidquam viget simile, aut secundum ; tamen (tametsi) Pallas occupavit honores proximos illi.

[Neque] — *qui?* (ego) — *que ferai-je?* silebo, — *qui?* te Liber audax præliis et (te) Virgo inimica belluis sævis, nec te, Phœbe metuende sagittâ certâ.

[Et] — *qui?* (ego) — *que ferai-je?* dicam — *qui?* Alciden puerosque Ledæ, hunc nobilem superare equis, illum pugnis ; quorum stella alba simul refulsit nautis, humor agitatus defluit saxis, venti concidunt, nubesque fugiunt et unda minax recumbit ponto [sic Dî voluere].

Qui? (ego) — *que fais-je?* Dubito — *de quoi?* an memorem prius Romulum post hos, an regnum quietum Pompili, an fasces superbos Tarquinî, an lethum nobile Catonis.

Qui? (ego) Gratus — *que ferai-je?* referam — *comment?* Camœnâ insigni — *qui?* Regulum et Scauros, Paulumque prodigum animæ magnæ, Pæno superante, Fabriciumque : — *quoi?* paupertas sæva, et fundus avitus cum Lare apto, — *qu'a fait cela?* tulit — *qui?* hunc et Curium capillis incomptis, utilem bello et Camillum.

Quoi? Fama Marcelli — *que fait elle?* crescit — *comment?* velut arbor, ævo occulto : — *quoi?* sidus Julium — *que fait-il?* micat — *où?* inter omnes — *comment?* velut luna inter ignes minores.

[O Pater atque custos gentis humanæ, orte Saturno ;] *quoi?* cura Cæsaris magni — *qu'est-elle?* (est) data — *à qui?* tibi — *par qui?* fatis : — *qui?* tu — *que feras-tu?* regnes — *comment?* Cæsare secundo.

Qui? Ille (Cæsar) minor te, æquus, — *que fera-t-il?* reget — *quoi?* orbem latum, — *dans quel cas?* seu (ille) egerit Parthos imminentes Latio, domitos triumpho justo, sive Seras et Indos subjectos oris Orientis : — *qui?* tu — *que feras-tu?* quaties — *quoi?* Olympum — *comment;* curru gravi ; — *qui?* tu — *que feras-tu?* mittes — *quoi?* fulmina inimica lucis parum castis.

ODE XII.

[O Navis,] — *quoi?* fluctus novi — *que feront-ils?* referent — *qui?* te — *où?* in mare].

[O quid agis?] — *qui?* (tu) — *que feras-tu?* occupa fortiter — *quoi?* portum : — *pourquoi?* nonne vides, ut latus nudum remigio, et malus saucius Africo celeri, antennæque gemant? ac carinæ sine funibus, possint vix durare æquor imperiosius? lintea integra non sunt tibi ; non Dî, quos (tu) pressa malo, voces iterum.

Malgré quoi? Quamvis (tu) pinus Pontica, filia silvæ nobilis, jactes et genus, et nomen inutile : — *qui?* navita timidus — *que fait-il?* fidit nil — *à quoi?* puppibus pictis.

Qui? Tu — *que feras-tu?* cave, — *quoi?* nisi debes ludibrium ventis : — *qui?* (tu) quæ nuper (eras) tædium sollicitum mihi, (et) nunc (es) desiderium, curaque non levis, — *que feras-tu?* vites — *quoi?* æquora, interfusa Cycladas nitentes.

ODE XIII.

Quand? Cùm pastor perfidus traheret Helenam hospitam per freta, navibus Idæis, — *qui?* Nereus — *que fit-il?* obruit — *quoi?* ventos celeres, — *comment?* otio ingrato — *pourquoi?* ut (ille) caneret fata fera (hæc) :

Qui? (tu) — *que fais-tu?* Ducis domum — *comment?* avi malà — *qui?* (illam) quam Græcia, conjurata rumpere nuptias tuas, et regnum vetus Priami, repetet milite multo.

[Eheu] *quoi?* Sudor quantus — *que fait-il?* adest — *à qui?* equis; — *quoi?* (sudor) quantus — *que fait-il?* (adest) — *à qui?* viris! — *qui?* (tu) — *que fais-tu?* moves — *quoi?* funera quanta — *à qui?* genti Dardanæ! — *qui?* Pallas — *que fait-elle?* parat jam — *quoi?* galeam, et ægida, currusque, et rabiem.

Qui? (tu), Ferox præsidio Veneris — *que feras-tu?* pectes nequicquam — *quoi?* cæsariem, [et] — *qui?* (tu) *que feras-tu?* divides (nequicquam) — *quoi?* carmina grata fœminis, — *comment?* citharà imbelli : — *qui?* (tu) — *que feras-tu?* vitabis nequicquam — *quoi?* hastas graves thalamo, et spicula calami Gnossii, strepitumque, et Ajacem celerem sequi : [tamen, heu] *qui?* (tu) serus! — *que feras-tu?* collines — *comment?* pulvere — *quoi?* crines adulteros.

Qui? (tu) — *que fais-tu?* Non respicis — *qui?* Laërtiaden, exitium gentis tuæ, non (respicis) Nestora Pylium? [et] *qui?* Teucer Salaminius et Sthenelus sciens pugnæ; sive opus est imperitare equis, non aurigà piger, — *que font-ils?* urgent impavidi — *qui?* te : — *qui?* (tu) — *que feras-tu?* nosces quoque — *qui?* Merionem.

[Ecce] *qui?* Tydides atrox, melior patre, quem (Tydiden) tu mollis fugies anhelitu sublimi, uti cervus immemor graminis, (fugit) lupum visum in parte alterà vallis, (cùm tu) non (sis) pollicitus hoc tuæ — *que fait il?* furit reperire — *qui?* te.

Quoi? Classis iracunda Achillis, — *que fera-t-elle?* proferet — *quoi?* diem (postremum) — *à qui?* Ilio, matronisque Phrygum. — *Quoi?* Ignis Achaïcus — *que fera t-il?* uret — *quoi?* domos Iliacas — *quand?* post hyemes certas.

ODE XIV.

[O filia pulchrior matre pulchrà] — *qui?* (tu) — *que feras-tu?* pones — *quoi?* modum quemcumque voles — *à quoi?* iambis criminosis, — *comment?* sive libet flammà, sive mari Adriano.

Qui? Non Dindymene, non incola Pythius, — *que font-ils?* quatit (quatiunt) æque, — *quoi?* mentem sacerdotum — *où?* adytis ; — *qui?* non Liber, non Corybantes, — *dans quel cas?* si (illi) geminant æra acuta — *que font-ils?* quatiunt æque — *quoi?* (mentem) — *comment?* ut iræ tristes; quas neque ensis Noricus deterret, nec naufragum mare, nec ignis sævus, nec Jupiter ipse, ruens tumultu tremendo (deterrent).

Qui? Prometheus coactus — *que fit-il?* fertur addere — *quoi?* particulam desectam undique — *à quoi?* limo principi; [et] *qui?* (ille) — *que fit-il?* (fertur) apposuisse — *quoi?* vim leonis insani — *à quoi?* stomacho nostro.

Quoi? Iræ — *que firent elles?* stravere — *qui?* Thyesten — *comment?* exitio gravi, [et] *quoi?* (illæ) — *que firent- elles?* stetere causæ ultimæ — *à quoi?* urbibus altis — *de quoi?* cur perirent funditus, exercitusque insolens imprimeret aratrum hostile muris.

Qui? (Tu) — *que feras-tu?* compesce — *quoi?* mentem ; — *pourquoi?* (enim) fervor pectoris tentavit quoque me in juventà dulci, et misit (me) furentem in iambos celeres : [nunc] *quoi?* ego — *que fais je?* quæro mutare — *quoi?* tristia — *comment?* mitibus, — *dans quel cas?* dum (tu) fias amica mihi, opprobriis recantatis, reddasque animum.

ODE XV.

Qui? Faunus velox — *que fait-il?* mutat sæpe — *quoi?* Lu-

cretilem amœnum — *comment?* Lycæo, [et] *qui?* (ille) — *que fait-il?* defendit usque — *à qui?* capellis meis — *quoi?* æstatem igneam, ventosque pluvios.

Qui? Uxores deviæ mariti olentis — *que font-elles?* quærunt impune — *quoi?* arbutos latentes et thyma — *où?* per nemus tutum : [nec] *qui?* hædulei — *que font ils?* metuunt — *quoi?* colubros virides, nec lupos Martiales — *quand?* utcunque, [Tyndari,] valles et saxa levia Usticæ cubantis personuere, fistulà dulci.

Qui? Dî — *que font ils?* tuentur — *qui?* me : [*] *quoi?* pietas mea et Musa — *que fait-elle?* est cordi — *à qui?* Dîs : [Hinc] *quoi?* copia opulenta honorum ruris — *que fera-t-elle?* manabit ad plenum — *à qui?* tibi — *comment?* cornu benigno : [Hic] *qui?* (tu) — *que feras tu?* vitabis — *quoi?* æstus Caniculæ — *où?* in valle reductà; [et] *qui?* (tu) — *que feras tu?* dices — *comment?* fide Teïà — *quoi?* Penelopen, Circenque vitream, laborantes in uno (Ulysse) : [Hic] *qui?* (tu) — *que feras-tu?* duces — *quoi?* pocula Lesbii innocentis — *où?* sub umbrà ; [nec] *qui?* Thyoneus Semeleïus — *que fera-t-il?* confundet — *quoi?* prælia — *comment?* cum Marte; [nec] *qui?* (tu) — *que feras-tu?* metues — *qui?* (homines) protervos.

ODE XVI.

[Vare,] *qui?* (tu) — *que feras-tu?* severis — *quoi?* arborem nullam — *quand?* prius vite sacrà — *où?* circa solum mite Tiburis, et (circa) mœnia Catili : — *pourquoi?* nam Deus proposuit omnia dura siccis; neque sollicitudines mordaces diffugiunt alites.

[Quis] *que fait-il?* crepat — *quoi?* militiam gravem, aut pauperiem — *quand?* post vina? [quis] *que fait-il?* non (crepat) potius — *qui?* te [Bacche pater] teque [Venus decens].

[At] *Pourquoi?* ne quis transiliat munera Liberi modici — *quoi?* rixa Centaurea debellata super mero cum Lapithis — *que fait-elle?* monet — *qui?* (illum) : [*] *qui?* Evius non levis Sithoniis — *que fait-il?* monet — *qui?* (illum) : — *quand?* cum (illi Sithonii) avidi discernunt fas atque nefas, fine exiguo libidinum.

[Bassareu candide] *qui?* ego — *que ferai-je?* non quatiam — *qui?* te invitum ; [nec] *qui?* (ego) — *que ferai-je?* rapiam sub divum — *quoi* [negotia] obsita frondibus variis.

Qui? (tu) — *que feras-tu?* Tene — *comment?* cornu Berecynthio — *quoi?* tympana sæva quæ amor cæcus sui subsequitur, et (quæ) gloria, tollens plus nimio verticem vacuum, fidesque prodiga arcani, pellucidior vitro (subsequuntur).

ODE XVII.

[Mæcenas care, eques] *qui?* (tu) — *que feras-tu?* potabis — *comment?* cantharis modicis — *quoi?* (vinum) Sabinum vile, quod condidi testà Græcà ego ipse levi; cum plausus datus (est) tibi in theatro; (ita) ut ripæ fluminis paterni et simul imago jocosa montis Vaticani redderet laudes tibi.

Qui? Tu — *que feras-tu?* bibes — *quoi?* (vinum) Cœcubum et uvam domitam prælo Caleno : — *pourquoi?* (nam) nec vites Falernæ, nec colles Formiani temperant pocula mea.

ODE XVIII.

Qui? (Vos) Virgines teneræ — *que ferez-vous?* dicite — *qui?* Dianam : [*] *qui?* (vos) Pueri — *que ferez-vous?* dicite — *qui?* Cynthium intonsum, Latonamque dilectam penitus Jovi supremo.

Qui? Vos (virgines) — *que ferez-vous?* (tollite laudibus) — *qui?* (Dianam) lætam fluviis, et comà nemorum, quæcumque (sit coma, quæ) prominet aut (in) Algido gelido, aut (in) silvis nigris Erymanthi, aut Cragi viridis : [*] *qui?* vos [mares] — *que ferez-vous?* tollite — *comment?* laudibus totidem — *quoi?* Tempe, Delonque natalem Apollinis, humerumque insignem pharetrà, lyràque fraternà.

Qui? Hic (Apollo) motus prece vestrà — *que fera-t-il?* aget — *quoi?* bellum lacrymosum, [*] *qui?* hic — *que fera-t-il?* (aget) — *quoi?* famem miseram, pestemque — *de qui?* à populo, et Cæsare principe, — *où?* in Persas, atque Britannos.

ODE XIX.

[Fusce,] *qui?* (Homo) integer vitæ, purusque sceleris — *que fait-il?* non eget — *de quoi?* jaculis Mauri, neque arcu, nec pharetrâ gravidâ sagittis venenatis, — *dans quel cas ?* sive (ille) facturus (sit) iter per Syrtes æstuosas, sive per Caucasum inhospitalem, vel (per) loca quæ Hydaspes fabulosus lambit.

[Namque] *qui ?* Lupus, portentum quale, neque Daunia militaris alit in esculetis latis, nec tellus Jubæ, nutrix arida leonum, generat, — *que fit-il ?* fugit — *où ?* in silvâ Sabinâ — *qui ?* me inermem — *quand ?* dum canto Lalagen meam, et (dum) expeditus curis, vagor ultra terminum.

Dans quel cas ? Pone (si tu ponis) me (in) campis pigris ubi nulla arbor recreatur aurâ æstivâ, quod latus mundi nebulæ, Jupiterque malus urget : pone (si tu ponis me) sub curru solis nimium propinqui, in terrâ negatâ domibus, *qui ?* (ego) — *que ferai-je ?* amabo — *qui ?* Lalagen, ridentem dulce, loquentem dulce.

ODE XX.

Quoi ? Quis pudor aut modus — *que sera-t-il ?* sit (statutus) — *à quoi ?* desiderio capitis tam chari ? [Melpomene] *qui ?* (tu) cui Pater dedit vocem liquidam cum citharâ — *que feras-tu ?* præcipe — *quoi ?* cantus lugubres.

[Ergo] *quoi ?* sopor perpetuus — *que fera-t-il ?* urget — *qui ?* Quintilium ! [Cui] *quoi ?* pudor et fides incorrupta, soror justitiæ, veritasque nuda — *que feront-elles ?* quando invenient — *qui ?* (hominem) ullum parem. [Virgili] *qui ?* Ille — *qu'a-t-il fait ?* occidit flebilis. — *par qui ?* multis bonis — *comment ?* (sed ille occidit) flebilior nulli quam tibi.

[Heu] *qui ?* tu pius frustra, — *que fais-tu ?* poscis — *à qui ?* Deos — *qui ?* Quintilium, non creditum ita (tibi).

[Quod] *dans quel cas ?* si (tu) moderere fidem auditam arboribus, blandius Orpheo Threïcio — *quoi ?* sanguis — *que fera-t-il ?* non redeat — *à quoi ?* imagini vanæ, quam Mercurius, non lenis recludere fata precibus, compulerit semel gregi nigro, virgâ horridâ.

Quoi ? (Hoc) — *qu'est-il ?* durum (est); [sed] *quoi ?* quidquid est nefas corrigere — *que fait-il ?* fit levius — *comment ?* patientiâ.

ODE XXI.

Qui ? (Ego) amicus Musis, unice securus, queis rex oræ gelidæ metuatur sub Arcto, quid terreat Tiridatem — *que ferai-je ?* tradam portare — *quoi ?* tristitiam et metus — *à qui ?* ventis protervis — *où ?* in mare Creticum.

[O Pimplea dulcis, quæ gaudes fontibus integris] *qui ?* (tu) — *que feras-tu ?* necte — *quoi ?* flores apricos; [*] *qui ?* (tu) — *que feras-tu ?* necte — *quoi ?* coronam — *à qui ?* Lamiæ meo — *pourquoi ?* (nam) honores mei prosunt nil sine te : [*] *quoi ?* (sacrare) hunc fidibus novis, sacrare hunc plectro Lesbio — *que fait cela ?* decet — *qui ?* teque, sororesque tuas.

ODE XXII.

Quoi ? Pugnare scyphis natis in usum lætitiæ — *qu'est-il ?* est Thracum : [*] *qui ?* vos — *que ferez-vous ?* tollite — *quoi ?* morem barbarum ; [et] *qui ?* (vos) — *que ferez-vous ?* prohibete — *qui ?* Bacchum verecundum — *de quoi ?* rixis sanguineis.

Quoi ? Acinaces Medus — *que fait-il ?* discrepat — *combien ?* quantum immane — *de quoi ?* vino et lucernis : — [sodales] *qui ?* (vos) — *que ferez-vous ?* lenite — *quoi ?* clamorem impium, [et] *qui ?* (vos) — *que ferez-vous ?* remanete — *comment ?* cubito presso.

Dans quel cas ? (si vos) Vultis me quoque sumere partem Falerni severi, — *qui ?* frater Megillæ Opuntiæ — *que fera-t-il ?* dicat — *quoi ?* quo vulnere, quâ sagittâ pereat beatus ? [*] *quoi ?* Voluntas — *que fait-elle ?* cessat ? [*] *qui ?* (ego) — *que ferai-je ?* non bibam — *comment ?* mercede aliâ.

Quoi ? Quæcumque Venus domat te, — *que fait-elle ?* adurit — *qui ?* (te) — *comment ?* — ignibus non erubescendis, [et] *qui ?* (tu) — *que fais-tu ?* peccas semper — *comment ?* amore ingenuo.

[Age] *qui ?* (tu) — *que feras-tu ?* depone — *quoi ?* quidquid habes — *à qui ?* auribus tutis ; [ah miser,] puer digne flammâ meliore — *qui ?* (tu) — *que fais-tu ?* laboras — *où ?* (in) Charybdi quantâ !

Qui ? Quæ saga, quis magus venenis Thessalis, quis Deus — *que fera-t-il ?* poterit (poterunt) solvere — *qui ?* te ? — *qui ?* Pegasus — *que fera-t-il ?* vix expediet — *qui ?* te illigatum Chimæræ triformi.

ODE XXIII.

[Archyta] *quoi ?* munera parva pulveris exigui — *que font-ils ?* cohibent — *où ?* prope littus Matinum — *qui ?* te, mensorem maris et terræ, arenæque carentis numero, [nec] *quoi ?* tentasse domos aërias et percurrisse animo polum rotundum — *que fait cela ?* prodest quidquam — *à qui ?* tibi morituro.

[Et] *qui ?* Genitor Pelopis, conviva Deorum, Tithonusque remotus in auras, et Minos admissus arcanis Jovis — *que fit-il ?* occidit (occiderunt) : [et] *quoi ?* Tartara — *que font-ils ?* habent — *qui ?* Panthoïden admissum iterum Orco ; — *malgré quoi ?* quamvis (ille) auctor non sordidus naturæ, verique, te judice, testatus tempora Trojana clypeo refixo, concesserat nil morti atræ, ultra nervos atque cutem.

[Sed] *quoi ?* nox una — *que fait-elle ?* manet — *qui ?* (homines) omnes, [et] *quoi ?* via lethi — *que fait-elle ?* calcanda est semel : — *comment ?* (nam) Furiæ dant alios spectacula Marti torvo : mare avidum est exitio nautis : funera mixta senum ac juvenum densantur : Proserpina sæva fugit nullum caput : Notus, comes rapidus Orionis advexi, obruit quoque me undis Illyricis.

[At] *qui ?* tu, nauta, — *que feras-tu ?* ne parce malignus dare — *quoi ?* particulam arenæ vagæ — *à quoi ?* ossibus et capiti inhumato. — *Comment ?* Sic silvæ Venusinæ plectantur quodcumque Eurus minabitur Hesperiis fluctibus, te sospite ; mercesque multa defluat tibi, unde potest, ab Jove æquo, Neptunoque custode Tarenti sacri.

Qui ? (tu) — *que fais-tu ?* Negligis committere — *quoi ?* fraudem nocituram postmodo te natis immeritis ? [forsan] *quoi ?* jura debita, vicesque superbæ — *que feront-ils ?* maneant — *qui ?* teipsum.

Qui ? (ego) — *que ferai-je ?* Non linquar — *comment ?* precibus inultis, [et] *quoi ?* piacula nulla — *que feront-ils ?* resolvent — *qui ?* te : — *malgré quoi ?* quanquam (tu) festines, — *quoi ?* mora — *qu'est-elle ?* non est longa, — *pourquoi ?* (nam) licebit (ut) curras, pulvere injecto ter.

ODE XXIV.

[Icci] *qui ?* (tu) — *que fais-tu ?* invides — *à quoi ?* gazis beatis Arabum, [et] *qui ?* (tu) — *que fais-tu ?* paras — *quoi ?* militiam acrem — *à qui ?* regibus Sabææ non devictis ante, [et] *qui ?* (tu) — *que fais-tu ?* nectis — *quoi ?* catenas — *à qui ?* Medo horribili ?

Qui ? Quæ barbara virginum — *que fera-t-elle ?* serviet — *à qui ?* tibi — *comment ?* sponso necato ? [*] *qui ?* quis puer ex aulâ, unctis capillis, doctus tendere sagittas Sericas — *que fera-t-il ?* statuetur — *à quoi ?* ad cyathum ? — *qui ?* quis — *que fait-il ?* neget — *quoi ?* rivos pronos posse relabi montibus arduis, ac Tiberim reverti — *quand ?* cum tu pollicitus meliora, tendis mutare loricis Iberis libros nobiles Panæti, coëmptos undique, et domum Socraticam ?

ODE XXV.

Qui ? (tu) O Venus, regina Cnidi, Paphique — *que feras-tu ?* sperne — *quoi ?* Cypron dilectam, [et] *qui ?* (tu) — *que feras-tu ?* transfer — *qui ?* te — *où ?* in ædem decoram Glyceræ, vocantis (te) thure multo.

Qui ? Puer fervidus, et Gratiæ zonis solutis, Nymphæque et Juventas parum comis sine te, Mercuriusque — *que feront-ils ?* properent tecum.

ODE XXVI.

[Quid] *qui ?* Vates — *que fait-il ?* poscit — *à qui ?* Apollinem dedicatum ; [quid] *qui ?* (ille) fundens liquorem novum de paterâ — *que fait-il ?* orat ; [*] (ille non orat) segetes opimas Sardiniæ feracis : non armenta grata Calabriæ æstuosæ : non aurum, aut ebur Indicum : non rura, quæ Liris, amnis taciturnus, mordet aquâ quietâ.

Qui ? (illi) Quibus Fortuna dedit — *que feront-ils ?* premant — *quoi ?* vitem Calenam — *comment ?* falce, [et] *qui ?* mercator dives, charus Dis ipsis ; quippe revisens impune ter et quater anno æquor Atlanticum — *que fera-t-il ?* exsiccet — *par quel moyen ?* culullis aureis, — *quoi ?* vina reparata merce Syrâ.

Quoi ? Olivæ — *que font-elles ?* (pascunt) — *qui ?* me, [*] *quoi ?* cichorea, malvæque leves — *que font-elles ?* pascunt — *qui ?* me.

[Latoë] *qui ?* (tu) — *que feras-tu ?* dones frui — *à qui ?* mihi et (mihi) valido — *de quoi ?* (negotiis) paratis ; [ac, precor,] qui? (tu) --- *que feras-tu?* (dones mihi) degere --- *comment?* cum mente integrâ, --- *quoi?* senectam nec turpem, nec carentem cithârâ.

ODE XXVII.

[Barbite, primum modulate civi Lesbio, qui ferox bello, tamen, (sive) inter arma, sive religârat navim jactatam littore udo, canebat Liberum et Musas, Veneremque, et puerum semper hærentem illi, et Lycum, decorum oculis nigris, crineque nigro] *qui?* (tu) --- *que feras tu?* [age] dic, [poscimus] --- *quoi?* carmen Latinum --- *dans quel cas?* si (nos) vacui lusimus quid tecum, sub umbrâ, quod vivat et in annum hunc et in (annos) plures.

[O testudo, decus Phœbi, et grata dapibus Jovis supremi! ô lenimen dulce laborum!] *qui?* (tu) --- *que feras-tu?* salve --- *à qui?* mihi, cumque vocanti rite.

ODE XXVIII.

Quand? Dum (ego) cultor parcus et infrequens Deorum, erro consultus sapientiæ insanientis, --- *qui?* (ego) --- *que fais-je?* cogor nunc dare retrorsum --- *quoi?* vela; [atque] *qui?* (ego) --- *que fais-je?* (cogor) iterare --- *quoi?* cursus relictos, [namque] *qui?* Diespiter, dividens plerumque nubila igni corrusco, --- *qu'a-t-il fait?* egit --- *quoi?* equos tonantes currumque volucrem --- *où?* per aëra purum; quo tellus bruta, et flumina vaga; quo Styx et sedes horrida Tænari invisi, finisque Atlanteus concutitur.

Qui? Deus --- *que fait-il?* valet mutare --- *quoi?* ima --- *comment?* summis, [et] *qui?* (ille) promens obscura, --- *que fait-il?* attenuat --- *qui?* insignem.

Qui? Fortuna rapax --- *qu'a-t-elle fait?* sustulit hinc --- *quoi?* apicem --- *comment?* stridore acuto; [*] *qui?* (illa) --- *que fait-elle?* gaudet posuisse hîc.

ODE XXIX.

[O diva quæ regis Antium gratum, (et quæ es) presens vel tollere corpus mortale de gradu imo, vel vertere triumphos superbos funeribus] *qui?* colonus pauper ruris --- *que fait-il?* ambit --- *qui?* te --- *comment?* prece sollicitâ: [*] *qui?* quicumque lacessit pelagus Carpathium carinâ Bithynâ --- *que fait-il?* (ambit) --- *qui?* te Dominam æquoris: [*] *qui?* Dacus asper --- *que fait-il?* (metuit) --- *qui?* te: [*] *qui?* Scythæ profugi, urbesque, gentesque, et Latium ferox, matresque regum barbarorum, et tyranni purpurei --- *que font-ils?* metuunt --- *qui,* te.

Qui? (tu) --- *que feras-tu?* Ne proruas, --- *comment?* pede injurioso, --- *quoi?* columnam stantem; [neu] *qui?* populus frequens --- *que fera-t-il?* concitet --- *à quoi?* ad arma --- *qui?* cessantes ad arma; (neu) *qui?* (ille) --- *que fera-t-il?* frangat --- *quoi?* Imperium.

Quoi? Necessitas sæva, gestans clavos trabales et cuneas manu ahenâ, --- *que fait-elle?* anteit semper --- *qui?* te; [nec] *quoi?* uncus severus, plumbumque liquidum, --- *que fait cela?* abest.

Quoi? Spes et Fides rara, velata panno albo, --- *que fait-elle?* colit --- *qui?* te; [nec] *qui?* (illa) --- *que fait-elle?* abnegat --- *qui?* (te) comitem, --- *quand?* utcunque (tu) inimica, linquis domos potentes, veste mutatâ.

[At] *qui?* vulgus infidum, et meretrix perjura --- *que fait-elle?* cedit retro; [*] *qui?* amici dolosi ferre jugum pariter, --- *que font-ils?* diffugiunt --- *quand* cadis siccatis cum fæce.

Qui? (Tu) --- *que feras-tu?* serves --- *qui?* Cæsarem iturum in Britannos ultimos orbis, et (tu serves) examen recens juvenum, timendum partibus Eois, Oceanoque rubro.

[Eheu] *quoi?* (id) --- *que fait cela?* pudet --- *qui?* (nos) -- *de quoi?* cicatricum, et sceleris, fratrumque: [quid] *qui?* nos (qui sumus) ætas dura --- *que faisons-nous?* refugimus? [quid] *qui?* (nos) nefasti --- *qu'avons-nous fait?* liquimus intactum --- [unde] *quoi?* juventus --- *qu'a-t-elle fait?* continuit --- *quoi?* manus --- *comment?* metu Deorum? [quibus aris] *qui?* (illa) --- *qu'a-t-elle fait?* pepercit? [O utinam] *qui?* (tu) --- *que feras-tu?* diffingas --- *comment?* incude novâ --- *quoi?* ferrum retusum in Messagetas, Arabasque!

ODE XXX.

Quoi? Placare et thure et fidibus et sanguine debito vituli,

Deos custodes Numidæ, qui sospes ab Hesperiâ ultimâ, dividit nunc oscula multa sodalibus charis; (ille) tamen, memor pueritiæ actæ, non alio rege, togæque mutatæ simul (dividit) nulli plura (oscula) quam dulci Lamiæ, --- *que fait cela?* juvat --- *qui?* (nos).

Quoi? Dies pulchra --- *que fera-t-elle?* ne careat --- *de quoi?* notâ Cressâ, [neu] *quoi?* modus --- *que fera-t-il?* (sit positus) --- *à quoi?* amphoræ promptæ, [neu] *quoi?* requies pedum --- *que fera-t-elle?* sit --- *comment?* in morem Salium, [neu] *qui?* Damalis multi meri --- *que fera-t-elle?* vincat --- *qui?* Bassum --- *comment?* amystide Threïciâ, [neu] *quoi?* rosæ --- *que feront-elles?* desint --- *à quoi?* epulis; [neu] *quoi?* apium vivax, neu lilium breve --- *que feront-ils?* (desint).

ODE XXXI.

[Sodales,] *quoi?* (vinum) --- *que fait-il?* est bibendum nunc, [*] *quoi?* tellus --- *que fait-elle?* est pulsanda --- *comment?* pede libero, [*] *quoi?* tempus erat (est) ornare nunc --- *quoi?* pulvinar Deorum --- *comment?* dapibus Saliaribus.

Quoi? Depromere Cœcubum cellis avitis --- *que faisoit cela?* erat nefas antehac --- *quand?* dum Regina impotens sperare quidlibet, et ebria fortunâ dulci, cum grege contaminato virorum turpium morbo, parabat ruinas dementes Capitolio, et funus imperio.

[Sed] *quoi?* vix una navis sospes ab ignibus --- *que fit-elle?* minuit --- *quoi?* furorem: (et) *qui?* Cæsar adurgens remis (illam) volantem ab Italiâ, velut accipiter (adurget) columbas molles, aut (velut) venator citus (adurget) leporem in campis AEmoniæ nivalis, ut (ille) daret monstrum fatale catenis, --- *que fit-il?* redegit --- *quoi?* mentem lymphatam Mareotico --- *comment?* in timores veros: [quæ] *qui?* (illa Regina) quærens perire generosius --- *que fit-elle?* nec expavit muliebriter --- *quoi?* ensem, [nec] *que fit-elle?* reparavit --- *quoi?* oras latentes --- *comment?* classe citâ.

[Et] *qui?* (illa) Fortis --- *qu'a-t-elle fait?* ausa (est) visere --- *quoi?* regiam jacentem --- *comment?* vultu sereno, [et] *qui?* (illa) ferocior morte deliberatâ --- *qu'a-t-elle fait?* (ausa est) tractare --- *quoi?* serpentes asperas --- *comment?* ut (illa) combiberet venenum atrum corpore; --- *pourquoi?* scilicet (quia) mulier non humilis, invidens (erat) deduci privata Liburnis sævis, triumpho superbo.

ODE XXXII.

[Puer,] *qui?* (ego) --- *que fais-je?* --- odi --- *quoi?* apparatus Persicos: [*] *quoi?* coronæ nexæ phylarâ --- *que font-elles?* displicent --- *à qui?* (mihi): [*] *qui?* (tu) --- *que feras-tu?* mitte sectari --- *quoi?* quo locorum rosa sera moretur.

Qui? (tu) Sedulus curæ --- *que feras-tu?* allabores --- *quoi?* nihil --- *à quoi?* myrto simplici; --- *pourquoi?* (quia) myrtus neque dedecet te ministrum, neque me bibentem sub vite arctâ.

OBSERVATION.

Dans ces analyses, les questions françaises qui? quoi? *etc., ne sont distinguées par des caractères italiques, et les mots sous-entendus ne sont renfermés entre parenthèses, que pour faire voir qu'ils ne doivent pas entrer dans la lecture du texte latin construit. Ces deux signes n'y figurent que pour aider l'esprit à saisir le rapport qui existe entre les différentes parties des phrases ou des périodes. Ainsi la dernière période ci-dessus de l'Ode XXXII, savoir :*

« *Qui?* (tu) Sedulus curæ, etc., »

pour se trouver exprimée avec les mêmes mots dont Horace a fait usage, doit être lue de la manière qui suit.

« Sedulus curæ allabores nihil myrto simplici; myrtus neque « dedecet te ministrum, neque me bibentem sub vite arctâ. »

On sent assez que cette même méthode analytique latine est également applicable à toutes les langues, soit anciennes, soit modernes. Nous l'avons déjà appliquée nous-mêmes non seulement au latin, mais encore au français, à l'italien et à l'anglais, dans l'ouvrage que nous avons publié sous le titre : Méthode pour analyser la pensée, sans déranger l'ordre des mots qui l'expriment; *1 vol. in-18.*

9 782019 260811